普通高中教育的
精气神

旦智塔 编著

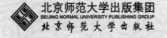
北京师范大学出版集团
BEIJING NORMAL UNIVERSITY PUBLISHING GROUP
北京师范大学出版社

图书在版编目(CIP)数据

普通高中教育的精气神／旦智塔编著.—北京：北京师范
大学出版社，2012.4
ISBN 978-7-303-14052-7

Ⅰ.①普… Ⅱ.①旦… Ⅲ.①高中－中学教育－研究－
甘肃省 Ⅳ.① G639.2

中国版本图书馆 CIP 数据核字(2012)第 018285 号

出版发行：北京师范大学出版社 www.bnup.com.cn
　　　　　北京新街口外大街 19 号
　　　　　邮政编码：100875
印　　刷：兰州新华印刷厂
经　　销：全国新华书店
开　　本：170 mm × 230 mm
印　　张：17
字　　数：231 千字
版　　次：2012 年 4 月第 1 版
印　　次：2012 年 4 月第 1 次印刷
定　　价：28.00 元

责任编辑：樊庆红　　　　装帧设计：王 蕊
责任校对：李 菡　　　　责任印制：吴祖义

编者简介

旦智塔，藏族，研究生，中国少数民族教育学会理事，全国扫盲教育专家委员会理事、甘肃省普通高中课改办主任、甘肃省作家协会会员。从1987年起担任副县级职务；1992年起担任正县级职务；1998年起担任副厅级职务；2005年7月至今担任省教育厅副厅长职务。在从事行政管理之余，立志为文治学，持之以恒地学习钻研政策和理论知识，关注现实重大课题，有专著《一个游牧民族的小康梦——甘南草原畜牧业经济开发研究》；合著《西部大开发与民族地区经济发展》。编写的《2006甘肃基础教育调研报告》获甘肃省第七届基础教育科研优秀成果一等奖，《大爱无疆——甘肃地震灾区中小学心理健康教育个案研究》和《解读基础教育与教育基础》两本书同时获甘肃省第八届基础教育科研优秀成果特别奖。

普通高中教育的"精、气、神"

普通高中教育是成人成才承前启后的关键阶段，20世纪90年代以前，普通高中毕业生就是"知识青年"，很多具有普通高中学历文凭的青年可以直接进入各种就业岗位。随着经济社会的快速发展，我国进入高等教育大众化、社会就业追求高学历化的阶段，普通高中教育在适应和服务经济社会发展的过程中面临新的挑战，普通高中教育学历文凭的当下使用价值空前降低，各种新情况、新问题也伴随而来。这就需要不断加强普通高中教育实践研究，高度重视普通高中教育科研工作，应该把贯彻落实现有法规政策和探索创新甘肃特色结合起来；把教育理论与办学实践结合起来；把行政服务、指导管理与学校教学精细化管理结合起来，加强宏观问题和微观问题的研究，为基础教育可持续发展提供更加科学、有效的专业指导，促进普通高中学校特色化、多样化发展。

最近几年，在对全省基础教育工作开展基线调研的过程中，我深感教育是对人的智慧的最大考验，无论是教师、学生、家长，还是管理者都是如此。因为，真正懂教育不仅要知其然，还要知其所以然。过去对中小学办学理念和校园文化建设重视程度不高，可以说是我省中小学与内地中小学的差距之一。在我的脑海里一直萦绕着也许不是问题的两个问题：一是如何对优质普通高中学校的内涵进行定性和定位；二是如何确立清晰鲜明的普通高中学校办学理念和学校特有的文化精神。继而提出"三像"命题，即：学校应该像真正的学校，教师应该像真正的教师，学生应该像真正的学生。什么是"三像"的标准，怎样才能成为优质的普通高中学校、优秀的普通高中学校的教师、优秀的普通高中学校的学生，几乎涵盖了普通高中教育的全部内容。在这里侧重于探讨优质普通高中学校的基本内涵——如何构建办学理念和校园文化建设的"精、气、神"的问题。优质普通高中学校在办学理念上应该符合党的教育方针，贯彻国家教育意志和法规政策，符合教育教学内在的规律，在硬件和软件办学条件上应该符合新一轮课程改革的要求。起码有两个基本点：一是全社会能不能营造有利于每所普通高中学校全面实施以素质教育为主题的新一轮课程改革的大环境。二是各级政府、教育部门和学校能不能为普通高中学校的学生全面发展营造校园内部的小环境。主要目标定位应该放在坚持邓小平同志提出的"教育要面向现代化，面向世界，面向未来"的办学方向，真正解决"普通高中学校的学生今天的学习与明天的生活、工作、发展做准备相脱节"的问题。

除此之外，还有一个特别明显的感觉，这就是我省中小学校的"办学理念"以及"校园文化体系"建设成了学校的自由空间，异彩纷呈，五花八门，智者见智，仁者见仁，至今尚未形成大家公认的定论。我国教育学家对大学的功能定位、办学理念研究成为热门,而对中小学校办学理念高层研究相对薄弱,还停留在中小学校校长的层面。而且各学校的"办学理念"的内涵释义与当前的教育方针结合不够紧密,未能全面反映基础教育"育人为本",德、智、体、美、劳全面发展和新课程对学生学会学习、学会做事、学会交际、学会合作、学会做人等要求的全部内容。对教育体制机制改革,特别是基础教育新课程的理念体现不够充分,甚至对"校训"所指对象不够明确统一,对办学理念与校训的关系众说纷纭。办学理念的共同追求、共性价值与一个学校的办学特色之间的界限不够明显。我曾经向普通高中学校的校长请教时,他们基本倾向于"理念,即理想与信念,理念是人们理性认识的复合体,它是一系列观点和思想体系的集中表达。学校办学理念是学校成员尤其是校长的理想追求,是自己建构起来的办学指导思想。完整而全面的办学理念可以回答学校是什么、学校的使命是什么、学校将如何发展等问题"这样的观点。事实证明,"学校中的确存在着某种不同于大文化的新的文化层次与特点"(周浩波)。那么,办学理念应该是这个层次学校教育和校园文化的主心骨。在研究、思考学校的"办学理念"之前,应该搞清楚"办学理念"和"校园文化"的概念界定。自 20 世纪 90 年代以来,许多普通高中学校管理者都开始纷纷提出或提炼自己的"办学理念",使学校发展走向理性治校,前瞻性策划的科学办学阶段。可是究竟什么是办学理念?如何自适性提出和提炼办学理念?通过近二十年的积累，我省现有普通高中学校基本上都已经提出了相应的办学理念，现在开始转入办学理念的科学性、实效性和客观性的论证、探索、实践阶段。因此，如何提炼并确立先进的办学理念就显得极其关键。

学校作为"有计划、有组织进行系统教育的机构"（《辞海》），学校教育制度规定了各级各类学校的性质、任务、入学条件、学习年限以及它们之间的衔接和关系。如何看待学校是一个非常复杂的问题，周浩波先生认为"学校与教育理论是同等层次上的一对范畴"。但是，在教育科学研究中，往往容易把"教育"与"学校"混为一谈。周浩波先生在《教育哲学》一书中提出："虽然我们不断地声称狭义的教育就是'学校教育'，但实质上很多理论并不以现实中的学校为依据或物质基点，只是根据某个理论出发点来推理论断，而不考虑它们在学校中实现的可能性与可行性……在教育理论的思想过程中，我们常常忽略了一个十分重要的概念，这就是学校。这并不是说我们没有看见它，而是说我们在研究、思维时，常常无意识地消解了它。"事实也的确如此，在我国许多教育学科理论著作中，很少单独设置"学校"章节的内容，无意识地把学校的理论范畴消解了。这是教育理论建设值得重视、迫切需要深入研究破解的巨大的国家级课题和系统工程，并非我辈所能承担的。根据周浩波先生的研究，在中外教育理论史上，对学校观的研究和概括，主要有学校"真空假设"、学校"中立论"、"社会同构"假说等。

周浩波先生对学校中的价值内容进行了分类：一是学校中充满了意识形态内容。因为，自国民教育制度建立以来，学校已成为国家、政府的事业机构之一。学校的领导权已归国家、政府所有，这种控制与领导是以直接或间接的方式而表现出来的。从直接的方面看，国家拥有规定教育目的、培养目标、确定教育人员资格的权力；拥有设置课程，审定教学内容的权力；拥有人事任免、资源分配与调节的权力。从间接的方面看，国家对学校中的种种制度、规范、礼仪、实践活动也都有一套规定，以便将国家的教育目的落实在学校的行为之中。二是教育理想的所有价值通过学校来实现。三是社会制度与组织方式决定学校的制度特征与组织方式。四是社会文化价值对学校的影响力。五是未成年的学生与成年人不同的文化与反文化显示出自己的特点。

我国教育工作者对学校办学理念的认识各有千秋，现列举几个目前在办学理念的研究方面较有代表性的观点。

唐松林教授指出："理念主要是对事实的最基本的抽象和概括，是最基本的意识形态，是思想的最高哲学层次或概括。"办学理念，是学校办学的最基本的抽象与概括，不能用其中具体的意识行为来概括，也应该被广大师生接受为引领整个教与学的实际行为的思想，应力求在包含学校管理观、教育观、学生观、教学活动观等方面提出完整的富有深刻含义的办学理念，然后通过这个办学理念的实践，确保党和国家的教育目标得到全面落实。

华中师大教育学院郭元祥教授认为，清晰鲜明的办学理念就是学校的教育哲学。"办学理念"及其内涵概括地说，理念，即理想和信念。办学理念，即学校的教育理想和教育信念。具体而言，理念，即概念、观点、观念或思想及其价值追求的集合体，理念就是一整套概念体系。办学理念，即学校发展中的一系列教育观念、教育思想及其教育价值所追求的集合体，是学校自主建构起来的学校教育哲学。办学理念不是学校的教育模式或教学模式。因为它难以承载"办学理念"的丰富内涵。办学理念不是由一个"概念"来承载的，而应是一组教育命题或教育观念构成的。办学理念不是校训。校训一般涉及教风、学风、班风，校训往往是以词组的形式来表达的。词组不能表述命题或观点，故校训不能取代办学理念。办学理念不能完全等同于学校特色。学校特色是在办学理念的指导下得以彰显的，但学校特色不能代表办学理念。办学理念的内核是学生观、教育观、学校观。从一个合理的、与时俱进的、清晰的办学理念中，我们能够解读出学校所具有并达到的学生观、教育观、学校观、价值观以及教师观的先进程度。

安徽省潜山二中教师汪启明认为，一所学校凝聚力的形成很重要的一点是有没有共同的价值观。共同的价值观演绎成师生共同认可的行为准则，即办学理念。办学理念是学校的灵魂，它包括学校的宗旨、办学目标、办学策略，具体体现在校训、校风、校规、校歌、教育理想、建校原则、办学宗旨、育人取向、培养目标、精神偶像、育人途径、学风建设、教师形象、校园文化、工作重心、庄重承诺等方面。每一方面都应当精雕细刻，力求使办学理念在实践中达到完美。先进的办学理念对内是凝聚力、向心力，对外就是核心竞争力和品牌。办学理念既具有继承性，又具有前瞻性，它是一所学校奋斗目标与发展方向，每一所学校的存在，都要有体现时代律动的办学理念，任何一劳永逸的想法都难葆时代活力。办学理念具有导向性，它是一所学校共同思想认识与共同价值观的引领。一所学校一旦拥有了对学校发展有先导作用的先进理念，那么这所学校不仅有个性有张力，而且有生机有活力。

武汉市教育学者曾凡奇认为，办学理念是一所学校之"魂"。办学理念体现的是学校的办学之道，教学之道，求学之道，管理学校之道，是教育工作者实现自己人生价值，追求卓越，走向辉煌之道。办学理念是一所学校之"神"。是这所学校的标志，是它的眼睛，是它的"神"。办学理念是一所学校之"力"。一方面是要体现这种教育本身的一般功用；另一方面则是指：办学理念还是这一所学校的"举全校之力"的结晶，是这一所学校全部文化的积淀，是教育哲学、教育社会学、教育文化学、教育管理学、教育人类学、课程论、教学论等诸多学科综合研究的对象，而办学理念仅是其凝结点，它体现了一所学校的一切，同时也展示了学校的一切。

江苏教育科学研究院方健华认为，校训是一种赋予学校以生命、品格与范型并深刻体现其办学旨归、治学传统、文化底蕴、团体精神、社会责任和学校个性化特色的校园精神文化形态。作为一种文化符号，校训是学校文化传统的浓缩与办学理念的凝练与沉淀；作为一种精神追求，校训是学校办学理念与灵魂的具体化；作为一种办学目标，校训是师生共同愿景的精练概括；作为一种"座右铭"，校训是师生共同的精神规范与价值取向。因此，了解校训，就可以触摸其核心的灵魂和特质；解读校训，就是打开学校办学理念与传统特色研究之门的钥匙。

南京市秦淮区教育局于琳女士从秦淮地方文化视角出发，对"区域性推进学校文化建设"进行了长达六年的研究和实践，主编了《让每一所学校都美丽》一书，提出"教育文化的结构组成具有丰富的内涵，包括物质、制度和精神三个层次。……对学校文化建设的关注可以被上升到教育发展一个历史转型时期的典型事件来认识，其意义在于它标识着学校迈入到这样的内涵发展阶段：更加'以人为本'，追求人的发展和价值实现，当然包括校长、教师和学生；更加'讲求品质'，在有学上的基础上，上好学；更加'追求优化'，在方法、手段和路径上更加适合人的发展需要；更加'体现特色'为每一个人提供充分的、适性的发展机会，等等。……'文化'和'教育'从来就是相伴而生，相随而长，文化给教育以社会价值和存在意义，教育给文化以生存依据和生机活力。……教育行政部门对学校在文化建设中的引领、协调和帮助，也是学校文化高水平建设的保证"。

有的教育理论研究者认为："校训是一个学校的灵魂。校训体现了一所学校的办学传统，代表着校园文化和教育理念，是人文精神的高度凝练，是学校历史和文化的积淀。一所老牌学校的校训，为我们打开其历史文化之门提供了一把金钥匙，为我们眺望其精神家园打开了一扇窗户。""校训，作为一个标尺，激励和劝勉在校的教师和学子们，即使是离开学校多年的人也会将校训时刻铭记在心。校训也能体现学校的办学原则与目标。同时它也是一种文化，是一种面向社会的精神标志，能为学校起到一定的宣传作用。有些校训还对本校的创建历史或文化背景有所反映，包含着较多的信息。""校训是广大师生共同遵守的基本行为准则与道德规范，它既是学校办学理念、治校精神的反映，也是校园文化建设的重要内容，是一所学校教风、学风、校风的集中表现，体现大学文化精神的核心内容。"（《应用写作》杂志 2006 年第2 期《试论校训的写作技巧》）

有的教育理论研究者认为，办学理念是学校教育的魂与魄，也是教育思想体系和教育内部规律的反映和体现。办学理念既是师生共勉的办学思想，也是统揽学校工作的指导思想。办学理念和校园文化建设承载着"教书育人、制度育人、管理育人、环境育人"的命题和学校的精、气、神，由科学的教育观、学校观、教师观、学生观等教育思想观念所构成。正确的教育理念也是打开一切教育难题之锁的金钥匙。

我比较认同湖南省教育厅周德义先生的观点，应该"正确处理办学理念与办学目标、育人目标、校训、校风的关系。办学理念是学校发展的指导思想，是学校物质和文化建设的灵魂。办学目标、育人目标、校训等以办学理念为出发点和归宿，是办学理念的进一步诠释和具体化。办学目标是学校发展的愿景和定位，明确要办什么样的学校；育人目标是教育方向，明确要培养什么样的人；校训是全体师生员工必须遵循的道德和精神规范；校风则是全体师生员工在朝着办学理念指引的方向迈进的过程中所营造的学校氛围"。

虽然大家对"理念是源于实际、具有永久价值和普遍意义的客观追求"比较认同，但是，教育思想与学校办学理念之间是什么关系？办学理念与校园文化之间的内在联系和逻辑关系如何排序，又是一个很复杂的问题。中国人民大学附属中学的排序为：办学理念——办学宗旨——办学目标——校训——校风——教风——学风。兰州市第五十八中学（原兰州炼油厂第一中学）传承和发展企业经营管理中的文化，结合学校教育实际，提出了"经营"学校的具有共性价值的办学理念，构建了具有显著办学特色和拥有知识产权的校园文化体系，在规范办学行为、实施精细化管理、提升办学层次和水平、不断提高教育教学质量，通过办学理念把党的教育方针和法规制度落到实处等方面作出了开创性探索，提出校园文化还包括学校课程、走廊文化、墙面文化、教室文化、班级文化等方面的内容。

学校教育理念和校训，虽然是无形的，但在教书育人过程中享受教育幸福，追求教育理想的宝贵的精神财富，它可以激励和影响一代又一代人的成长，可以说是"通识教育"的一部分，与培养什么人有很大的关系。台湾教育学者黄坤锦对通识教育下的定义是："通识教育是要给学生某些价值、态度、知识和技能，使其生活得恰当舒服和丰富美满；要让学生将其现实生活中的富丽文化遗产、现存社会中的可贵经验与智慧，能够认同、择取、内化，使之成为个人的一部分。"

学校工作的确需要明晰而鲜明的精神引领。干任何事都需要一种精神动力的支撑，有了精神才知道自己肩负的一份责任。有了责任也就有了奋发向上的精神动力，才能形成积极向上的工作氛围，才有可能出现大家心往一处想、力往一处使、全心全意为学生、一心一意忙教学的良好局面。那么，甘肃普通高中学校的办学理念和校园文化体系是否有这样的高度、广度和深度呢？目前，在学校教育理念建设中"学校文化"和"校园文化"两个概念并用，这两个概念的区别和界定也和"文化"的概念一样繁多，孙家正先生说："'文化是人类创造的物质财富和精神财富的总和'这句话很经典，体现了文化的本质。""文化建设的核心是促进人的全面发展，提高全民族的素质。"这就清楚地表明了教育也是文化的核心内容，学校文化应该从狭义的文化概念的视角去理解，对学校教育而言，问题的关键在于怎样把握和区分文化中的精华和糟粕。教育部一般使用"校园文化"一词，与"学校文化"应该是同一个概念。

我省兰州市教育局从 2011 年年初开始，在全市学校推进校园文化建设，各学校都积极响应，积极性和热情都很高，在总结、提升长期形成的学校办学理念的基础上，进行了许多有益的尝试。编辑印发了《兰州市学校文化建设应用实例》，9月召开了兰州市中小学学校文化建设现场会，邀请内地专家进行了点评，对校园文化在教书育人中的作用进行了探索性的定性、定位，对校园文化的构成体系进行了各个学校各具特色的尝试，取得了明显的效果。兰州市教育局何泳忠局长对校园文化建设的总体思路进行了比较深入系统的思考，提出了校园文化建设的重要性、校园文化建设的主要方面和基本策略。

兰州市第二十七中学就"师生双成文化"进行了探讨与实践，初步形成了"师生双成""成人成己""成人成才"三个方面的内涵建设，提出了"弘扬高品位的教师文化，建设书香校园的深刻意蕴、培养勤奋和谐的团队精神、树立追求卓越的价值导向、为人才脱颖而出提供保障和培养纯正博雅的学生文化，作为学生的'心园'，学校应志在培养学生纯正高雅的生活情趣、作为学生的'家园'，学校努力为学生营造整洁优雅怡人的环境、作为学生的'田园'，力求不断激发学生产生创造性学习的结晶、作为学生的'乐园'，力求使每个人的个性特长得到充分的发展"的思路和目标。并且经过多年努力，在继承的基础上创新，使学校制度文化建设初步形成了颇具特色的"六步"路径：一是对上，符合党的教育各项方针政策和国家各项法规制度，坚持国家核心教育理念。二是对下，紧密结合本地区、本学校的具体实际，科学严谨，实事求是。三是产生，在广泛借鉴先进科学的教育理论和学术成果的基础上，自下而上，自上而下，集思广益，群策群力。四是汇集，高度注重科学化、系统化、完备化、精细化。五是实施，始终坚持"突出业绩，提高质量，创建特色"的核心价值导向和公正、公平、公开、公议的原则。六是提升，事异时移，情变法变，及时修订，补充完善。这六条对全省学校校园文化建设具有借鉴意义。

兰州市西北中学探索"绿色生态文化"建设，进行了独具特色的思考与实践，一是提出学校文化建设必须针对学校发展的现实问题，在有针对性地解决现实问题的过程中，形成全校师生的文化认同。二是提出了学校文化建设必须根植学校优秀历史文化的土壤，在丰厚的精神遗产中汲取营养并结合时代精神提炼学校文化。提出了学校文化建设必须打造鲜明的文化标识系统，并在文化精神物化呈现的过程中，彰显自己的精神气质和文化个性目标体系等。

出现上述可喜的局面，更加坚定了我们关注、倡导、推进全省基础教育学校办学理念和校园文化建设的信心和决心。根据我国教育学家已经提出的"办学理念是学校的'中枢神经'，也就是学校教育的'精、气、神'的主要载体。精、气、神是生命的思想内涵、是文化艺术的魂魄、是民族精神'自强不息、厚德载物'的灵魂、是世界万物的固有魅力，蕴涵着共性与个性。可以说是教育、教学、学校、教师、学生之大要。办学理念是学校工作的

'牛鼻子'，是天天的教育实践中凝聚形成的精、气、神"这一观点，我试图把办学理念和校园文化解读为学校教育特有的、普通高中教育内涵发展必需的"精、气、神"。"精——物质文化、制度文化。构建课程体系和校园文化体系（校风建设、教风建设、学风建设）。气——行为文化。校园文化具体化，对学生实施影响，师生互动、生生互动、师师互动，熏陶感染、寓美育人。神——精神文化。形成管理文化、教师文化、学生文化，培养学生之'精、气、神'"，由此得到几点新的启发。

第一，办学理念和校园文化建设应该坚持德育为首的原则，应该成为思想道德品质教育的主阵地，成为学校教育日省日行的要求，成为持之以恒的规范的主心骨和主旋律。

校园文化建设是教育思想、教育理想的传播，提升对教育的认识高度，深化课程改革，全面实施素质教育，努力实践教书育人、制度育人、管理育人、环境育人的重要载体，校园文化建设也是学校教育规范办学和教育成熟的标志。校园文化建设是为基础教育课程改革营造的基本条件之一，也是开发建设学校课程的有效途径和形式，有利于中小学课程的多样化发展，要把校园变成大课堂，一物一景承载教育价值追求，赋予文化内涵，对学生成人、成才起到潜移默化的作用，留下终生难忘的印象，促进学生全面发展，健康成长。一切办学理念和校园文化建设都应该以培养德才兼备的共产主义接班人和中国特色社会主义事业合格的创新型建设者为根本目标。

第二；办学理念和校园文化建设应该紧紧围绕素质教育的战略主题，作为基础教育新课程改革的组成部分，应该处理好树立科学的办学理念与构建校园文化体系的关系。

办学理念应该是学校生存理由、生存动力、生存期望的有机构成。其功能就是要回答学校的全部活动所涉及的三个基本问题：为什么？做什么？怎么做？校园文化建设承载着学校办学历史经验的积淀和底蕴，是教育深层次思考的结晶，是教育内涵发展的基础。由此可以得出"办怎么样的学校"和"怎样办好学校"等终极问题更加清晰的答案，以利于遵循教育规律，促进教育的科学发展。办学理念既来自对教育理论的学习，更多地来自办学实践，是教育理论和教育实践相结合的产物。每个学校都应当构建包括学校理念、教育理念、教师理念、治校理念、办学目标、工作思路、办学特色等要素组成的办学思想和理念体系。同时，还要建设以学校办学理念为核心的学校价值观、制度管理及规程、教育目标、行为准则、物化环境等为内容的校园文化。校园文化建设应该是为学校教育搭建平台，在继承传统的基础上，积极寻求政策理论依据，积极借鉴外校经验，创新符合当前社会发展需要的、体现时代精神的办学理念。一是要从实际出发，选准突破口，培育具有时代气息和本校特色的学校精神，准确表达学校精神（校风）。二是要加强学校制度文化建设，实行管理育人、环境氛围育人。三是要美化校园环境，加强学校物质文化的建设。

第三，校园文化建设应该处理好开足、开齐常规课程与开展

专项教育的关系，把校园文化建设成为开展专项教育的主要形式和阵地，把各项专项教育内容成为校园文化建设的组成部分。

校园文化建设必将重新影响和规范中学教师的一系列观念和行为，要切实把专项教育课程的要求落到实处。按照规定要求，在中学广泛深入地开展专项教育，增进学生对社会、生活和自我的了解，促进学生对多元文化的认同，增强法律意识和法制观念，促进学生全面发展。在国家有关法律、法规和行业条例中，明确规定了在中学开展国防教育、安全教育、消防安全教育、禁毒教育、健康教育、民族团结教育、人口教育、法制教育、环保教育、防艾滋病教育、心理健康教育、廉洁教育、影视教育、粮食安全教育、科普教育、网络道德教育、节水教育、档案教育、文明礼仪教育、循环经济教育、质量教育等专题内容的教育，并提出了一定的课时和教学要求。这些专题教育，涵盖了学生生活的各个层面，有利于促进学生的健康成长，对增强学生明辨是非的能力，自我保护意识等都有着重要的意义，校园文化建设应该成为开展专项教育的重要阵地。

第四，校园文化建设应该处理好国家课程、地方课程与学校课程建设的关系，在实施素质教育，研发建设地方课程、学校课程建设中凸现学校的办学优势和特色。

校园文化建设应该紧紧围绕基础教育新一轮课程改革的全面深入地实施，建设与国家课程相配套的地方课程和学校课程体系，构成学校课程的有机整体，拥有共同的培养目标，实现不同的课程价值，承担不同的任务，履行不同的责任，从不同的方面促进学生的发展。学校课程既是为了学校的教学内容与方式的创新，也是对国家课程、地方课程的丰富和补充，其开发的目的是满足学生的发展需要。学校课程必须与国家课程、地方课程配套实施，也就是把国家课程、地方课程校本化，丰富课程内容，呈现办学、教学形式的多样化。

1. 学校课程应当是独具特色的教学构件，必须具备内容、形式、人员、时间等基本条件。要重视必修地方课程的实施，做好教师配备，组建专（兼）职教师队伍，大力开展教师培训，提高教师的课程实施能力，特别要扎实开展地方课程教学和研究活动，认真学习、研究和落实省教育厅的各项要求。

2. 学校课程要以完成国家课程的教学为前提，更新教育观念，转变教学方式，引导学生在实践中学习、在生活中学习、在分析和解决问题中学习，创造性地落实国家和地方课程的教学任务。

3. 学校课程的开发，要寻找课标和大纲为学校留下的空间和余地，按照缺什么补什么，需要什么建设什么的原则，填补国家课程、地方课程在课程体系中的空白，最大限度地满足教育教学的实际需要。

4. 在地方、学校课程、校园文化建设过程中，中外不同文化、城乡不同文化、区域不同文化的融合和交流也是一个不可忽略的极为重要的方面。

　　第五，校园文化建设应该处理好学校外延式发展与内涵式发展的关系，准确把握学校未来发展趋势，坚持"硬件"与"软件"两手抓，努力实现投入与效益的良性循环。

　　在改善学校办学硬件条件之后，内涵发展是学校发展的内驱力，学校间的竞争实质上也是学校内涵发展力的竞争，教育质量和教学水平的提升是学校内涵发展的永恒主题。学校外延式发展包括学校校舍、办学规模、图书、实验装备、师资力量等基本条件方面的硬件建设，内涵式发展包括先进的办学理念、全面发展的运行机制和人文环境等方面的软件建设。内涵发展才是学校真正的发展，也是推进素质教育的必然要求。随着基础教育学校硬件条件的不断改善，现在应当转入促进学校教育的内涵发展的新阶段。

　　学校"软件"与"硬件"建设的协调发展，是"质量立校"办学理念的具体体现和基本保证，学校内涵发展的动力来自于对学校自身的充分认识和准确定位，来自于对未来的准确把握，实质是要"硬件"与"软件"两手抓，实现投入与效益的良性循环。

　　1. 科学地制定学校发展规划。建立学校的整体发展思路和目标，遵循教育客观规律，整合学校现有资源，对学校作出科学的定位，以规划引领学校发展。

　　2. 提升学校的办学理念。注重把校长的先进理念转化为全校师生的共同认识和共同实践。

　　3. 狠抓学校组织管理机构的改革。在创新管理机制上下工夫，重点做到由"命令式"管理向"服务式"管理模式转变；由"行政领导"向"全员参与"的管理模式转变；由"被动接受"向"自主研究"的管理模式转变；由经验式管理向文化管理模式转变；由专断式管理向民主科学化管理模式转变；由粗放式管理向精细化管理模式转变等。

4. 建设一支高水平的教师队伍和管理人才。学校内涵发展的过程也是提升教师素质的过程，学校应为人人各尽其能、各得其所、施展才华创造良好的条件，提供公平的机会。

5. 建立有效的育人机制。建设学科课程、德育课程教学、课外活动和社会实践、行为规范、社会综合环境等育人平台。

6. 建立行之有效的高质量的教学管理机制。遵循业务管理、激励管理、民主管理的原则，向精细化常规管理要效益，实行学科教学目标管理制度，完善课堂教学管理制度，建设教学质量监控制度，建立教师激励制度。

7. 完善学校制度建设。重点是建设引导教师乐教和学生乐学、持续提高学校运行效能的制度，实现学校可持续发展。

8. 以教育科研支撑学校内涵发展。重点要完善校本研究制度，注重解决教育教学中的实际问题，解决学校改革发展中的困惑问题，解决学生学习发展中的障碍等现实问题。

9. 建设高品位的校园文化体系。既要重视物质文化与精神文化建设，又要注重显性文化和隐性文化两方面的建设。

第六，校园文化建设应该处理好突出办学特色与规范办学行

为的关系，在坚持"育人为本"思想的前提下，突出各个学校不同的特点。

办学特色是全面准确地落实学校教育过程与成果的具体体现，在建立、健全三级课程管理体系的过程中，学校除执行国家和地方课程外，组织教师有效整合课程资源和教学资源，制订和实施校本化的课程，并建立相应的评价机制，丰富和创新校园文化，以确保教学质量的稳步提升，使学校办出特色、办出水平。校园文化建设是规范办学行为的基本要求之一，是学校精细化管理的基本标准，应该遵循不同年龄层次的学生认知规律和身心发展规律，突出各个学校不同的特点，以促进学生学会学习、学会做事、学会交际、学会合作、学会做人为出发点和落脚点。规范办学行为，就是不能偏离基本的教育方针和目标，实现受教育者在坚持学习科学文化与加强思想修养的统一、坚持学习书本知识与投身社会实践的统一的基础上，坚持实现自身价值与服务祖国人民的统一、坚持树立远大理想与进行艰苦奋斗的目标的统一。要基于学生个体发展和社会发展的需要，充分利用各种教育资源，通过各种有效的教育途径，以适当的方法引导全体受教育者积极主动、最大限度地开发自身的潜能，提高自身的整体素质，实现个性充分、自由、健康发展的教育目标。

依法治校已成为规范学校教育和管理的重要内容和方式。既要规范国家机关的行政行为，又要规范学校依法组织和实施教育教学活动，依法加强学校管理。规范办学行为，还要增强教育法制观念，提高教师、学生的法律素养，维护教师、学生的合法权益。要逐步建立、健全管理工作领导责任制和责任追究制，实现学校依法按章程自主办学，实行精细化管理，向管理要质量，充分发挥学校的主动权和创新能力。

第七，校园文化建设是学校教育的精、气、神，也是核心价值观建设，是一个复杂的系统工程，一定要理顺办学理念的逻辑关系，衔接校园文化的内在联系。

校园文化建设是课堂教学的延伸和拓展，也是学校办学纲领、形象、风格、指南以及学校资源优势品牌的集中展示，应该成为学校教育、家庭教育和社会教育的结合点。在内容和形式上既保持系统性、连续性，又要坚持多样化、动态化。在建设办学理念体系的同时，也要同步建设校园、教室、班级、走廊、宿舍、餐厅、学生社团组织、兴趣小组、学校校刊和各种标识等文化体系。还应该处理好定性与定位的关系；处理好形式与内容的关系；处理好学校教育的特有文化与社会公共文化的关系；处理好传承学校历史与创新发展的关系；处理好教育的"变"与"不变"的关系；处理好体现中华文明与时代精神的关系；处理好体现甘肃历史人文特色与教育面向现代化、面向未来、面向世界的方向的关系；处理好维护教育的神圣性与防止文化泛化的关系；处理好物质文化与精神文化的关系；处理好校长的办学理念与集体智慧的结晶的关系，防止文化泛化和随意性，坚决避免制造文化垃圾。

总之，本书是一本供教育行政管理者、学校领导管理者参考的带有工具性质的书。主要内容由六部分组成：第一部分对甘肃省普通高中教育发展的近百年历史沿革进行了检索性回顾和梳理；第二部分比较系统地介绍了甘肃省创建省级示范性普通高中评估验收标准；第三部分对甘肃省创建省级示范性普通高中工作过程和主要做法进行了总结；第四部分选择兰州市第五十八中学（原兰州炼油厂第一中学）作为省级示范性高中校园文化建设范例，全面介绍了该校"校园文化建设手册"基本框架和内容体系；第五部分集中介绍了 47 所省级示范性普通高中学校的办学理念。需要声明的是，办学理念、校训等排列顺序重新进行了逻辑规范；第六部分对甘肃教育强县——会宁县普通高中教育发展的成功经验进行了总结。

全省目前有 382 所普通高中，在校生 6407 万余人，各个学校的办学理念各不相同，各具特色。征集和展示省级示范性普通高中学校的办学理念似乎还是第一次，主要目的是通过对普通高中学校的办学理念和校园文化建设进行梳理，为今后提升省级示范校普通高中办学标准、办学水平和办学质量，进一步促进区域之间、校际之间的交流提供可借鉴、参照和对比的依据。这也有利于规范办学行为，促进校园文化建设，为全面实施素质教育营造环境，实现教育规划纲要确定的战略目标，努力完成办人民满意的普通高中教育的历史性任务。

旦智塔

2011 年 10 月于兰州

第一部分　甘肃省普通高中教育发展历史沿革　　　　　/001

　　一、解放前的甘肃普通高中教育　　　　　　　　　　/003

　　二、解放初的甘肃普通高中教育　　　　　　　　　　/009

　　三、改革开放初期的甘肃普通高中教育　　　　　　　/013

　　四、改革开放后的甘肃普通高中教育　　　　　　　　/016

第二部分　甘肃省示范性普通高中评估验收标准(试行)　/021

　　一、办学理念与发展规划(70 分)　　　　　　　　　/023

　　二、学校组织与管理(210 分)　　　　　　　　　　/024

　　三、课程实施与学生发展(360 分)　　　　　　　　/026

　　四、学校环境与办学条件(360 分)　　　　　　　　/028

第三部分　甘肃省创建省级示范性普通高中的实践历程　/031

　　一、省级示范性普通高中建设的起始阶段　　　　　　/033

　　二、省级示范性普通高中建设预评估阶段　　　　　　/034

第四部分　省级示范性普通高中学校办学理念集萃　　　/041

　　一、甘肃省兰州市第一中学办学理念　　　　　　　　/043

　　二、西北师范大学附属中学办学理念　　　　　　　　/045

　　三、兰州市第三十三中学(兰州大学附属中学)办学理念

　　　　　　　　　　　　　　　　　　　　　　　　　　/047

　　四、兰州市第五十一中学(原兰州铁路局第一中学)

　　　　办学理念　　　　　　　　　　　　　　　　　　/050

　　五、兰州市第六十一中学(原兰州化学工业公司总校

　　　　第一中学)办学理念　　　　　　　　　　　　　/053

六、兰州市第二中学办学理念　　　　　　　　　　/058

七、榆中县第一中学办学理念　　　　　　　　　　/061

八、兰州市西北中学办学理念　　　　　　　　　　/064

九、兰州市外国语高级中学办学理念　　　　　　　/073

十、兰州市第五十九中学（原兰州炼油厂第二中学）

　　办学理念　　　　　　　　　　　　　　　　/076

十一、民乐县第一中学办学理念　　　　　　　　　/079

十二、张掖市第二中学办学理念　　　　　　　　　/082

十三、张掖市中学办学理念　　　　　　　　　　　/084

十四、高台县第一中学办学理念　　　　　　　　　/086

十五、临泽县第一中学办学理念　　　　　　　　　/088

十六、嘉峪关市酒泉钢铁公司第三中学办学理念　　/090

十七、嘉峪关市第一中学办学理念　　　　　　　　/092

十八、酒泉市第一中学办学理念　　　　　　　　　/094

十九、敦煌市中学办学理念　　　　　　　　　　　/097

二十、金塔县中学办学理念　　　　　　　　　　　/104

二一、武威市第一中学办学理念　　　　　　　　　/114

二二、武威铁路局中学办学理念　　　　　　　　　/116

二三、民勤县第一中学办学理念　　　　　　　　　/118

二四、武威市第二中学办学理念　　　　　　　　　/120

二五、武威市第六中学办学理念　　　　　　　　　/122

二六、金川公司第一高级中学办学理念　　　　　　/124

二七、永昌县第一中学办学理念　　　　　　　　　/128

目 录

二八、金昌市第一中学办学理念　　　　　　　　　/131

二九、靖远县第一中学办学理念　　　　　　　　　/133

三十、会宁县第一中学办学理念　　　　　　　　　/145

三一、白银市第一中学办学理念　　　　　　　　　/147

三二、白银市第八中学(原白银公司第一中学)办学理念

　　　　　　　　　　　　　　　　　　　　　　　/150

三三、白银市实验中学办学理念　　　　　　　　　/152

三四、定西市第一中学办学理念　　　　　　　　　/154

三五、临洮县中学办学理念　　　　　　　　　　　/157

三六、陇西县第一中学办学理念　　　　　　　　　/160

三七、庆阳市第一中学办学理念　　　　　　　　　/163

三八、长庆油田第一中学办学理念　　　　　　　　/165

三九、天水市第一中学办学理念　　　　　　　　　/167

四十、天水市第九中学(原天水铁路局第一中学)

　　　办学理念　　　　　　　　　　　　　　　　/169

四一、甘谷县第一中学办学理念　　　　　　　　　/172

四二、天水市第二中学办学理念　　　　　　　　　/174

四三、平凉市第一中学办学理念　　　　　　　　　/177

四四、静宁县第一中学办学理念　　　　　　　　　/179

四五、泾川县第一中学办学理念　　　　　　　　　/182

四六、庄浪县第一中学办学理念　　　　　　　　　/185

四七、临夏回族自治州中学办学理念　　　　　　　/187

第五部分 省级示范性高中校园文化建设范例 /189

一、兰州市第五十八中学(原兰州炼油厂第一中学)概况

/191

二、学校文化建设总述 /191

三、学校文化建设指导思想 /193

四、学校文化建设目标 /193

五、学校文化建设原则 /195

六、学校文化建设的主要内容 /194

七、学校理念文化系统 /195

第六部分 甘肃省会宁县努力发展高中教育的典型经验 /219

会宁县普通高中教育改革发展情况 /221

附　录 甘肃省现有普通高中学校名录 /231

后　记 /242

第一部分

甘肃省普通高中教育发展历史沿革

这里所说的教育的历史沿革，是指从1901年清末新政以来一百余年的普通高中教育从小到大改革和发展的历史。教育历史学界从教育改革重大事件的角度，把这段教育史分为旧中国的教育史和新中国的教育史两个阶段。旧中国的教育史又可以细分为四个阶段：1901—1911年为第一阶段；1912—1927年为第二阶段；1928—1937年为第三阶段；1938—1949年9月为第四阶段。新中国的教育史可以细分为六个阶段：1949年10月—1956年为第一阶段；1957—1965年为第二阶段；1966—1976年为第三阶段；1977—1985年为第四阶段；1986—1993年为第五阶段；1994—2009年为第六阶段。但是，《甘肃教育志》对甘肃普通高中教育改革和发展的历史记载并没有严格按上述阶段划分。

一、解放前的甘肃普通高中教育

据《甘肃教育志》记载,甘肃省兴办普通中等教育始于清末废科举兴学堂之际。光绪三十年(公元 1904 年),巩昌府(府治在今陇西)将南安书院改为巩昌府中学堂,为甘肃创办普通中学之始。

(一)办学规模

至宣统二年(公元 1910 年),全省先后开办 10 所官立中学堂,共有在校学生 362 人,教员 24 人。"中学堂开办之初,大都因陋就简,学科既不完备,学生亦属寥寥。"

民国元年(公元 1912 年),南京临时政府颁布新学制,中学堂改为中学校。次年,甘肃省教育司根据本省财力和高小毕业生升学人数,将全省划分为兰州、平凉、天水、武威 4 个中学区,原 10 所中学堂归并为 4 所省立中学,每区设一所中学校。将设在兰州的"全省中学堂"(由原文高等学堂改设)改为甘肃省立第一中学;将平凉的陇东中学堂改为省立第二中学;将天水的秦州中学堂改为省立第三中学;将武威的凉州府中学堂改为省立第四中学。民国三年,全省有 4 所中学校,在校学生 412 人,教职员 53 人,其中教员 27 人。

民国十三年（公元 1924 年），实施北洋政府颁布的新学制（壬戌学制），中学实行初中、高中分段制，全省四所中学均改制为初级中学。及至民国十六年，省立第一中学增设普通科高中部，成为全省第一所完全中学。民国十二年，甘肃省政府提倡各县酌设初级中学，"以奠定地方人才教育之基础"。民国十五年，甘谷、武山、临夏三县各办起一所县立初级中学。次年，会宁、临洮、武都、张掖四县亦开办了县立初级中学。同时，由天水县私立"模范亦渭小学校友会"筹办私立亦渭初级中学，创办了本省第一所私立中学。至民国十六年（公元 1927 年），全省中学达到 12 所，在校学生 1580 人。其中省立中学 4 所，学生 1211 人；县立中学 7 所，学生 348 人；私立中学 1 所，学生 21 人。

民国二十五年（公元 1936 年），省立中学均改为以所在地冠名：甘肃省立第一中学改为甘肃省立兰州中学，省立第二中学改为省立平凉中学，省立第三中学改为省立天水中学，省立第四中学改为省立武威中学。张掖县立初级中学改办为省立张掖初级中学。

民国二十七年（公元 1938 年）一月，南京国民政府教育部在天水设立"国立甘肃中学"，十二月又在清水县设立国立甘肃第二中学，主要收容沦陷区流亡学生。翌年，两校分别改名为国立第五中学和国立第十中学，设有初中部、高中部和师范部，共有在校学生 2742 人。民国二十八年（公元 1939 年），"管理中英庚款董事会"在酒泉设立河西中学。民国三十二年（公元 1943 年），国立西北师范学院附属中学随学院由陕西城固迁至兰州。抗战时期设在甘肃的 4 所国立中学均为完全中学，学校师资较强，学生公费待遇。

民国二十八年（公元 1939 年），省教育厅颁布《甘肃省中学教育设施方案》，提出"分区设校，均衡发展"的原则，划分全省为兰州、临洮、武都、天水、平凉、陇西、酒泉、庆阳、临夏、武威十个中学区，规定每区至少设立一所省立中学。并依据每年设校增级计划，逐步在省立天水中学、省立平凉中学、省立武威中学、省立张掖中学增设高中部，使之成为完全中学。没有设省立中学的临洮、武都、陇西等中学区内，将县立初级中学改办为省立完全中学。在庆阳、临夏学区增设省立中学，使每个中学区内都设有省立完全中学。同时，鼓励地方发展县立和私立中学，在经费上给予资助和扶持。民国二十七年（公元 1938 年），全省普通中学在校学生中的女生仅有 30 人，占中学在校学生总数的 1%。

民国二十九年（公元 1940 年），将兰州女子初级职业学校改办为兰州女子中学，设初中、高中，当年招收学生 103 人，使全省中学的女生增加到 160 人。至民国三十五年（公元 1946 年），全省有公、私立普通中学 63 所（不含国立中学），在校学生 19824 人，教职员 1392 人。其中省立中学 16 所，在校学生 11370 人，教职员 577 人；县立中学 39 所，在校学生 7133 人，教职员 669 人；私立中学 8 所，在校学生 1321 人，教职员 146 人。

抗战胜利后，甘肃省教育厅对中学采取"限制数量发展"的方针。至 1949 年时，全省共有普通中学 66 所，在校学生 14955 人，教职员 1430 人。全省平均每万人口中有在校中学生 24.9 人。在73 个县中，有 20 个县没有中学，乡村地区没有一所中学。

（二）管理体制

据《甘肃教育志》记载，民国初年，省立中学校属甘肃省政府领导。中学实行校长制，校长下设教务主任和学监。校长总理学校一切事务，教务主任专任各种课业的规划和改进事项，学监专司管理学生。民国十三年（公元 1924 年），省立第三中学学习东南诸省中学校的管理办法，实行校长领导下的教务、训育、事务三课分掌制。教务课掌理教学事宜，训育课负责管理学生，事务课分管学校行政和后勤事务，各课主任均受命于校长。以后各校陆续采用分掌制的管理办法。

民国二十三年（公元 1934 年），甘肃省教育厅在《各中等学校应行改进事项》中，对中学的行政组织规定为，凡未满六学级的学校，在校长下设教导主任一人，协助校长处理教务训育事宜，原设教务、训育、事务和体育各主任取消。责权分工为："教务事宜由教导主任承校长办理之；训育事宜由教导主任、专任教员承校长办理之；事务事宜由校长督率会计、事务员、书记办理之；体育事宜由教导主任、体育专任教员办理之。"其时，除省立第一中学、省立第三中学设有训育处、教务处、事务处外，其余中学仅设教导处。

民国二十九年（公元 1940 年），甘肃省教育厅转发教育部颁布的《中等学校组织规程》，并要求各校遵照部令划一学校行政组织。确定九学级以下学校仅设教导处，教导处内分设教务、训导、体育卫生等组。九学级以上学校分设教务、训导、事务三处，各处设主任一人；教务处分设教务、体育、图书仪器三组，训导处分设训育、管理二组，事务处分设文书、庶务、出纳三组。学校设校务会议、教务会议、训导会议和事务会议。校务会议由校长、各处主任及全体教员、会计组成，每学期开会 1～2 次，以校长为主席，其职责是决定校政方针，审议校务兴革事项，审核各种计划章则，审议预决算及其他重要事项。其他会议商讨各处事务。

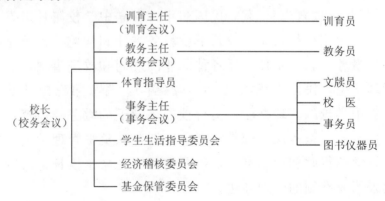

图 1　民国二十五年（公元 1936 年）省立天水中学行政组织系统表

(三)学制

据《甘肃省教育志》记载，清末时期，依照《奏定中学堂章程》规定，甘肃省各中学堂以"施以较深之普通教育，俾毕业后不仕者从事各项实业，进取者进入高等专门学堂，均有根柢为宗旨"。中学堂修业五年，招收高等小学堂毕业生及同等学力者。

民国二年(公元 1913 年)，中学堂改制为中学校，修业年限改为四年。中学以完足普通教育为主旨，并辅以职业教育、预备教育，造成健全国民为宗旨一。同时确定，高级小学毕业生或具有同等学力者，经入学试验合格后，始得入学。

民国十一年(公元 1922 年)，北洋政府颁布"学校系统改革令"。次年，甘肃省第二次教育行政会议决定，全省普通教育均实行新学制(壬戌学制)。中学修业年限延长为六年，分初级中学、高级中学，各修业三年。两级合设者称完全中学，单设者称初级中学或高级中学。初级中学招收高级小学毕业生，高级中学招收初级中学毕业生。

民国十七年(公元 1928 年)，甘肃省省务会议以初中毕业生就业者较多，初中修业三年不足致用为由，议决将初级中学修业年限延长为四年，高级中学改为两年。民国二十二年(公元 1933 年)，因高中学习两年无法完成三年课程，影响学生升入高等学校，遂恢复初中、高中各修业三年。

(四)教学管理

据《甘肃省教育志》记载，清末，中学堂采用班级教学制。中学堂开办之初，师资"取材于速成师范毕业之举贡"，平均每校不及三名教员，课程设置和教学管理"按之定章，诸多不合"。

民国初期，中学教师有所充实，建立了学生的入学和毕业考试，学生成绩考核、升留级等各项教学管理制度。据当时的《省立第一中学学则》载，教员分任各科功课，按学校规定的教学进度循序教授；学生上课时须备笔记本，做课堂笔记，遇教师提问要起立敬答。

民国二十二年(公元 1933 年)，甘肃省教育厅提出，中学要"以严格的考试方法，促进科学之研究，以资深造"。要求学校严格执行教育部颁布的"新课程标准"，加强算术和自然科的教学，提高学生国文和外国语的程度，实行每周 36 课时的学习制度。同年，实行初中、高中毕业会考制度，学生各科会考成绩及格，才准予毕业；并且要将各学校会考成绩分别等第，通报全省；会考成绩太差的学校，分别给予警告、校长解职、学校停办的处分。在首届毕业生会考中，高中不及格学生占 26%，初中不及格学生占 30%。民国二十四年，省立第五中学因连续两年会考成绩较差，经甘肃省省务会议议决，改办为兰州乡村师范学校。

民国二十八年(公元 1939 年)，《甘肃省中学教育实施方案》提出，中学毕业生以升学为主，中学教学主要为学生升学做准备。除仍采用毕业会考外，还实行平时抽考和电调课卷的办法。抽考办法规定，甘肃省教育厅每学期派人到学校举行突然性临时考核，以检查学校的教学情况，并根据各校考核成绩分别予以奖惩。所谓电调课卷，即由教育厅用电报或电话等形式，调阅学生的作业，以检查学生的课业练习和教师批阅作业的勤惰。为加强对教学的管理，省教育厅制订中学各科的学程纲要，统一各学校的教学要求、教学内容和教科书，要求教师必须按教学进度计划完成教学。同时，对学生缺课也予以严格限制，规定学生除患重病、至亲死亡或家庭遇到特殊变故外，不得请假，学生旷课一小时给予警告处分，旷课一日记过，旷课两日除名。用增加考试次数，提高及格、升学和毕业标准的办法，刺激学生读书。

抗战胜利后，甘肃省教育厅对中学实行"限制数量发展，力求素质改进"的方针，仍以毕业生升学多少来衡量学校的办学成绩，但教学质量并未得到改进。民国三十七年(公元 1948 年)，甘肃省教育厅视导室对兰州市的中学抽考英语，各校均不及格。

同年，赴南京、上海等地投考大学的 160 多名甘肃应届高中毕业生，仅被录取 7 名。

二、解放初的甘肃普通高中教育

据《甘肃省教育志》记载，1949 年甘肃解放后，人民政府陆续接管全省公立中学。1950 年 4 月，甘肃省文教厅对全省公立中学的班级编制和学校设置进行调整和充实。

(一)办学规模

1950 年年底甘肃全省中学由 66 所调整为 63 所，班级数由 430 个增加到 609 个，在校学生数由 14955 人增加到 17058 人，班级编制由每班平均 33 人增加到 46 人，教职员同学生的比例由 1：11.2 提高到 1：19.9。为保证工农子女受教育的权利，1950 年在兰州创办工农速成中学，招收产业工人、工农干部和革命军人，经过三年速成学习，达到高中毕业文化程度。

新中国成立后，登记立案的省内私立中学有西北中学、志果中学、兴文中学、兰山中学、陇右中学和新民中学等 6 所，共有在校学生 1316 人，教职员 133 人。解放初期，人民政府对私立中学采取"积极扶持，帮助发展，逐步改造"的方针。从 1950 年起，省文教厅给经费困难的私立中学补助全部或大部分经费，并配备教学设备。1952 年，甘肃省文教厅奉令陆续接办私立中学。接办后，私立西北中学改为兰州西北中学，新民中学改为张家川县中学，陇右中学改为兰州市第二初级中学，兴文中学并入志果中学，并改为建国中学，兰山中学并入甘肃省兰州中学。

1953 年，甘肃省教育厅确定，普通中学发展重点放在城市和工矿区，适当照顾少数民族地区及陇东老解放区。1953—1955 年，全省共增设 15 所中学，其中陇东老解放区和少数民族地区新办 6 所中学。1955 年，随着农村高小毕业生中要求升学的人数增加，甘肃省教育厅又把中学发展的方向转向农村，在农村和没有中学的县创办一批中学。1956年和1957年，在原先没有一所中学的乡村地区办起18所中学，全省原先没有中学的18个县中，有11个县各创办一所中学。1957年，全省中学数量达到145所，在校学生8.73万人。

1958年，由于受"大跃进"、"浮夸风"的影响，在没有充分准备和必要办学条件的情况下，一年时间新办普通中学355所，超越了国民经济可能提供的物质基础。1959年，即陆续停办186所学校。

1961年，按照中共甘肃省委提出的"控制数量发展，缩短教育战线"的原则，对"大跃进"中开办的学校，采取停办或合并的方式进行调整。到1962年，全省普通中学保留244所，在校学生压缩为7.89万人。1963—1965年，贯彻调整、巩固、充实、提高的方针，进一步调整充实，提高质量。到1965年，全省全日制普通中学共有250所，其中教育部门办的217所，厂矿企业办的29所，民办4所，在校学生10.77万人。普通中学设在城市的57所，县镇的98所，乡村的95所。

1966年"文化大革命"开始后，普通中学遭到严重破坏。1971年8月召开的全省教育工作会议提出，把学校"办到贫下中农家门口"，农村的初级中学由生产大队办或联办，高级中学逐步由公社来办，造成普通中学畸形发展。到1976年，全省普通中学增加为3389所，在校学生79.62万人。

(二)管理体制

据《甘肃省教育志》记载，1949年甘肃解放后，根据陕甘宁边区政府发布的《关于中等学校改革的指示》，对中学组织机构和领导管理体制进行改革。取消训导处，设立教育处，改事务处为总务处。建立校长领导下有教育主任、总务主任和教师、学生代表参加的校务委员会，统一领导学校工作，直接对当地人民政府负责。设立由教职员代表和学生代表组成的经济稽核委员会，对学校财务收支和管理进行监督。

1950年，实施《西北区中学教育暂行办法》以后，确定校长和各处的职责为：校长领导学校的全部行政工作，计划、督促和检查全校的教学工作，组织并领导教职工的学习。教育处负责教导工作。设教育干事若干人，分任教务、注册、学生生活指导、图书仪器管理及文书等项工作。总务处负责经费收支、修缮购置、管理日常事务及生产工作，设干事若干人，分任会计、出纳、保管、庶务等工作。

1952年，教育部颁发《中学暂行规程（草案）》。次年，甘肃省中学实行校长责任制，由校长主持领导全校工作。教育处改为教导处，设教导主任，在校长领导下负责计划、组织和检查全校教学工作、思想政治教育和学生生活指导事项。总务处设总务主任，在校长领导下管理全校行政事务工作。

1955年，在中学开始建立中共党支部，统一领导学校工作。到1961年，全省有151所中学建立了党支部，占全省中学总数的60.9%。1963年，实施《全日制中学暂行工作条例（试行草案）》后，党支部的主要任务是：领导学校思想政治工作和党的建设工作；领导学校共青团、学生会、工会和其他群众组织；教育党员，团结群众，正确执行党的方针政策。

1966年"文化大革命"开始后，中学行政组织机构被搞乱，处于瘫痪状态。1967年起，各校先后成立"革命委员会"，革委会下一般分设政工组、教育革命组和后勤组。

1978年，取消革命委员会，恢复校长制，下设教导处和总务处。同年，贯彻教育部重新颁布的《全日制中学暂行工作条例》（试行草案），中学实行党支部领导下的校长分工负责制，学校的重大问题要经过党支部讨论决定。

(三)教学管理

据《甘肃省教育志》记载，1949年甘肃解放后，人民政府采取"维持现状，立即开学"的原则，要求学校尽快复课。1950年3月，西北军政委员会颁发《西北区中学教育暂行实施办法》，根据新民主主义教育原则，建立学校的各项教学管理制度。

1953年，全省中学实施中央教育部颁布的《中学暂行规程（草案）》，把中学教育工作的重点转到提高教学质量上来。1953—1954年，甘肃省教育厅多次派中等教育检查组到武威、酒泉、武都、平凉等地检查、指导中学教学工作。1954年，甘肃省教育厅确定兰州第一中学数学教研组和兰州女子中学理化教研组，为教育厅直接指导的重点教研组，其任务是：研究如何钻研教材和教学大纲；改进教学方法，及时总结经验向全省推广；协助教育厅研究各学校提出的有关教学方面的问题；举行公开教学，提出改进教学的报告。

1958年，贯彻"教育为无产阶级政治服务，教育与生产劳动相结合"的方针，组织学生到工厂、农村参加生产劳动，在校内办工厂、农场。据兰州市7所中学的统计，学生全年劳动时间达106天。同时，在中学语文课中增选毛泽东诗词和民歌等内容，数、理、化教材中增加工农业生产知识的内容，初中数学还加授珠算和簿记。但由于参加劳动过多，打乱了正常的教学秩序。1961年后，根据中共甘肃省委"全日制学校必须坚持以教学为主，提高教学质量"的指示，省教育厅制定了《关于提高全日制中小学教育质量几个主要问题的意见》，确定城市中学每年必须保证九个月的教学时间，农村中学也要有八个半月的教学时间；全日制中学师生全年参加劳动时间不得超过一个月，保证教师和学生要有足够的备课和自习时间；学校必须按教学大纲和教学计划的要求完成教学任务，特别要加强政治、语文、数学、外语和高中物理、化学等主要学科的教学，尽快提高教学质量；各学科教学中要恰如其分地进行思想政治教育。

1962 年，教育部发出《关于有重点地办好一批全日制中小学的通知》以后，甘肃省教育厅选定 16 所基础较好的学校为全省重点中学。其任务是：试行《全日制中学暂行工作条例（试行草案）》，逐步实现该条例中规定的全日制中学培养目标；提高教育质量，总结经验，带动全省一般全日制中学提高教育质量。1964 年，贯彻毛泽东主席关于减轻学生负担的"春节指示"，精减教材内容，减少课外作业，克服学生课业负担过重的现象。1965 年，甘肃省教育厅提出，采取"刹车"措施，坚决克服学生课外活动过多、负担过重的现象，规定中等学校的活动总量由过去的每周 60 多小时，控制在高中不超过 48 小时，初中不超过 46 小时。

1966 年"文化大革命"开始后，全省中学停课，教学秩序混乱。1969 年，甘肃省提出，中学要建立学工学农基地，学生每周劳动 2～3 天。同时，推广"厂办校，两挂钩"（即厂校挂钩、社校挂钩）的经验。组织学生"开门办学"，频繁地下乡下厂劳动，教育质量严重下降。

三、改革开放初期的甘肃普通高中教育

据《甘肃省教育志》记载，1981 年 5 月，全省教育工作会议确定了合理控制高中，充实加强初中，大力发展职业技术教育的调整原则。在调整中，对一些师资、仪器设备、图书资料等办学条件不足的完全中学，压缩或撤销高中部，首先办好初级中学。

（一）教育规模

1986 年年底，全省完全中学和独立高中由 1977 年的 1236 所调整为 501 所，高中在校学生由 1977 年的 32.09 万人调整为 21.73 万人。与此同时，将部分普通高中改办为农业、职业中学。

1985 年，《中共中央关于教育体制改革的决定》提出了实现九年制义务教育的目标。1985年9月，全省教育工作会议讨论制定了《甘肃省普及九年制义务教育实施方案》。10月，省政府批转各地实施。该实施方案提出以下原则：坚持实事求是，因地制宜；多种形式，不同规格；分步实施，分类指导；量力而行，稳步推进；注重质量，讲求实效，分阶段普及初等教育和初级中等教育。

截至1986年，全省共有普通中学1435所，其中完全中学和独立高中501所，初级中学934所；设在城市的226所，县镇的200所，农村的1009所。在校学生108.92万人。

(二)管理体制

据《甘肃省教育志》记载，1985年，省教育厅在全省重点中学会议上提出：重点中学要逐步实行校长负责制，校长有一定的人事、财务、教学、奖罚等方面的决策权。设立由校长主持的校务委员会，作为审议机构。建立和健全以教师为主体的教职工代表大会制度，加强民主管理和民主监督。中学党组织主要保证和监督党和国家各项方针政策的落实和教育计划的实施，集中精力搞好党的建设和思想政治工作。1986年，中共甘肃省教育厅党组决定，在兰州市第一中学试行校长负责制，建立由校长负责学校全面工作，党支部保证监督，教职工民主管理的学校管理新体制。截至同年年底不完全统计，全省有120多所中、小学试行校长负责制。

1986年，省教育厅制订的《甘肃省中等师范学校和全日制中小学教职工人员编制暂行规定》中规定，普通中学的机构一般设置教导处、总务处，规模较大的完全中学(或独立高中)增设办公室，规模小的学校只设教导处和专职总务人员。

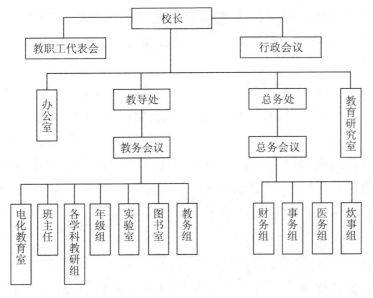

图 2 西北师范学院附属中学 1985 年行政组织系统示意图

（三）学制

据《甘肃省教育志》记载，1978 年，执行教育部统一规定，中学修业年限改为五年，按初中三年、高中两年分段。1980 年，甘肃省教育局决定，全省 24 所首批重点中学恢复初中、高中各修业三年。1981 年 6 月，省教育厅转发教育部颁发的《全日制六年制重点中学教学计划（试行草案）》，中学学制定为六年，逐步实行。在 24 所首批重点中学已改行六年制基础上，各地区、县办的重点中学，从 1981 年秋季招收的高中一年级开始，实行六年制教学计划。1984 年，甘肃省教育厅在《关于全面提高普通中学教育质量的意见》中强调，中学教育不仅要为高等学校输送合格的学生，还要为社会主义建设事业培养劳动后备军。

（四）教学管理

据《甘肃省教育志》记载，1978 年以后，中学实行教育部颁布的教学计划和统编教材。为解决"十年动乱"造成学生之间知识水平悬殊的问题，许多学校将同一年级的学生按文化程度分成快慢班，出现了在教学中注重快班、忽视慢班的现象。1979年6月，省教育局提出，逐渐取消把学生分成快慢班的做法。此后，各中学的快慢班陆续停办。

1980年，甘肃省贯彻全国重点中学会议精神，恢复一批重点中学。经甘肃省人民政府批准，确定全省首批办好重点中学24所，占全省中学总数的5.8％。重点中学的主要任务是：提高教学质量，向高等学校输送合格的新生，并为社会培养优良的劳动后备力量；总结扩散经验，带动一般中学，在教育改革中起示范、骨干作用。此后，一些重点中学为提高高考升学率，陆续开办高中毕业生补习（读）班。

1982年，为端正学校的办学思想，纠正片面追求升学率的做法，省教育厅决定，在全省首批重点中学停止举办全日制高中毕业生补习班。1984年，省教育厅在《关于全面提高普通中学教育质量的意见》中提出：中学教育要面向全体学生，大面积提高教育质量；严格执行教育部颁发的教学计划，对于数学、物理、化学和外语四科，重点中学和条件较好的学校实行较高教学要求，一般中学实行基本教学要求；加强初中教育，打好基础。

四、改革开放后的甘肃普通高中教育

据《甘肃省教育志·续志》（送审稿）记载，1987年以来，甘肃省普通高中教育与全国普通高中教育的发展一样，经历了从控制办学规模、调整学校布局结构，到加强标准化学校的建设和重点中学建设，以及示范性高中建设的发展过程。进行了教育体制改革、教育教学改革、高中毕业会考、课程教材改革等诸方面的发展变化。自1997年，在认真落实《中共中央国务院关于深化教育改革全面推进素质教育的决定》有关扩大高中阶段教育规模的精神下，甘肃省普通高中教育加快了发展步伐。

（一）办学规模

2002 年，在教育体制改革的促进下，甘肃省加大了对高中教育的统筹权和决策权，各地采取初高中分离，社会力量办学等多种形式，兴办普通高中。至 2005 年，甘肃省完全中学数量从 481 所减少到 384 所，普通高中学校数量从 1987 年的 9 所增加到 113 所，初中升学率从 1987 年的 30.5％上升到 48.5％。从 1987—2000 年间，甘肃省基础教育的发展坚持"发展特幼、充实小学、加强初中、控制高中"的发展原则，普通高中教育贯彻控制规模、提高质量的方针。1990 年，甘肃省政府办公厅转发甘肃省教委《关于调整中学布局，提高办学效益的意见》，针对"中学规模过大，经济难以承受；高中发展过快，影响了九年义务教育的普及；普通高中布局分散、设点多，使有限的人、财、物难以集中使用"的现状，提出调整的原则和方法步骤，从 1990 年秋季开始实施。随着九年义务教育的扩大，广大群众对送子女进入高一级学校上学的需求不断增强，2000 年以后，高中教育的规模才逐步扩大。

2001 年，甘肃省政府制定《甘肃"十五"教育发展规划》（以下简称《规划》），明确了普通高中发展思路。同时，制订下发《甘肃省政府关于加强基础教育改革与发展的决定》（以下简称《决定》）。《决定》提出，努力发展高中阶段的教育，每县首先要集中力量办好一所普通高中。根据两个文件精神，"十五"期间，全省将建成 35 所省级示范性普通高中；未实现"两基"的地方，高中阶段教育要有较大发展；城区和经济较发达地区的高中阶段教育要基本满足社会的需求，鼓励有条件的地区实行完全中学的高中和初中分离，努力扩大高中规模；鼓励社会力量举办高中阶段教育，鼓励发展普通教育与职业教育相沟通的高级中学。2001 年，普通高中招生人数首次突破了 10 万人，此后每年都以较快的速度发展。

2003 年 10 月，甘肃省教育厅在张掖、酒泉两市召开全省普通高中建设现场会议，传达了全国普通高中发展与建设经验交流会议精神，总结交流近年普通高中建设的经验，研究部署今后一个时期甘肃省普通高中建设工作。会后，甘肃省教育厅制定印发了《关于加快高中教育与改革的意见》，从提高认识、明确目标、加快改革与发展步伐；理顺体制，完善机制，深化高中教育体制改革；更新观念，强化管理、提高高中教育质量；强化培训，优化结构，提高高中教师队伍的整体素质；加大投入，改善条件，提高高中教育办学水平；强化监督，以法治教，规范高中办学行为等 6 个方面提出了加快高中发展与建设的 30 条措施。甘肃省教育厅首次设立城市教育费附加公众建设项目筹措专项经费 2990 万元，支持 31 所高中建设。2005 年，普通高中招生人数首次突破 20 万人。

(二)管理体制的改革

据《甘肃省教育志·续志》(送审稿)记载，从 1987—2000 年间，甘肃省大部分普通高中没有从完全中学分离出来，各学校仍实行由 1986 年甘肃省教育厅党组决定的校长责任制，建立由校长负责学校全面工作，党支部保证监督，教职工民主管理的学校管理体制。

自 2000 年以后，普通高中教育同九年义务教育的管理体制改革同步，实行"在国务院领导下，由地方政府负责、分级管理、以县为主"的管理体制。积极鼓励和支持社会力量以各种形式举办高中阶段等其他教育。加大地、州、市政府对高中阶段教育的统筹权和决策权。地、州、市负责制定本地区高中阶段教育发展规划，并组织实施。

2002 年，各地采取初高中分离、社会力量办学、普通教育与职业教育相沟通、公办学校改制试点和采取国有民办、民办公助、股份制、联合办学等多种形式，增强普通高中办学活力。兰州市政府制订了《推进企事业中小学办学体制改革的试行办法》。兰化、兰炼和兰铁分别成立了"兰化中小学总校"、"兰炼教育实业集团"和"兰州铁路教育实业集团";天水市已有两所企业学校从企业成功剥离,为企业中小学改制积累了经验。至 2004 年,甘肃省贯彻落实企业学校移交地方进行管理工作的有关规定,中国石油、中国石化、兰州铁路局等系统 40 多所中小学平稳、顺利地划拨转移交地方政府管辖。

民办高中办学规模、办学水平、招生规模也在不断发展。截至 2002 年年底,全省有民办高中 40 所,民办高中占普通高中总数的 9.1%,民办高中在校生总数 9346 人,比上年增长 55.2%。与 1998 年相比,民办高中学校数、在校生数分别增长了 31 所和 8360 人。

2003 年,甘肃省教育厅印发《关于加快高中教育改革与发展的意见的通知》,对高中教育管理体制作了进一步说明,落实"以县为主"的高中教育管理体制,县级人民政府对高中教育负有主要责任,要在普及、巩固九年义务教育的同时加快高中教育发展,要进一步落实县级人民政府对高中教育发展的各项职责,为高中建设和发展提供良好的条件和保证。加强对企业办学的管理,对企业改制或企业效益不好而影响正常办学、政府又暂时不能接管的高中,可通过"民办公助"、"公办民助"等形式改革,以增加办学活力,防止教育资源的浪费和流失。

2004 年,基础教育"以县为主"的管理体制得到加强,全省中小学教师工资管理全部上收到县。

2005 年,基础教育"以县为主"的管理体制进一步完善,政府加大教育经费投入、促进基础教育发展的责任逐步得以落实。学校从企业分离,由社会办的步伐加快,企业移交地方政府管理的中小学运转正常。甘肃省教育厅制订下发了《关于下放初中毕业升学考试管理权限的通知》,将"三考合一"(普通初中毕业考试、普通高中招生考试、职业中专招生考试合并为一次进行)管理权限下放到市、州,进一步理顺了管理体制。

(三)学校行政组织机构

据《甘肃省教育志·续志》(送审稿)记载,2000年前,完全普通中学实行的校长负责制中,校长与党支部书记分别由一人担任。自2000年后,大多数中学实行校长兼任党支部书记职务的制度,并实施校长聘用教职工的聘任制。

现以兰州市第二十七中学为例,反映20世纪90年代末至2005年以来,普通中学学校行政组织机构的情况:学校领导5人,其中校长兼党支部书记1人、副校长3人、专职工会主席1人。学校共设4个科室,其中办公室(党政合一)辖档案室;教务处辖教研组、教研室、图书室、实验室;总务处辖财务室、保管室、传达室。

2002年前,兰州市第二十七中学共有教学班36个,其中初中班12个,高中班24个;2002年改为独立高中后,共有教学班36个,每个年级12个教学班。

(四)学校编制

据《甘肃省教育志·续志》(送审稿)记载,1994年,全省高中师生比为1:11.7,低于全国的1:15。据此,全省教育工作会议提出,中学要通过合班并校,调整布局等办法,在确保"两基"任务的前提下,有计划地减少或增加学校数量,扩大校均规模和班额,提高师生比例,提高办学的投资效益。强化学校管理,建立、健全校长负责制、教师定编聘任制、教师岗位责任制等,定编定员,减少人员,规范制度,责任到人。

2002年,甘肃省政府办公厅批转省编制办公室、省教育厅、省财政厅《关于实施中小学教职员工编制意见的通知》,并制订了《关于实施中小学教职工编制标准的意见》。《意见》从定编原则、定编范围、调整布局、核定编制、组织实施五个方面,进一步规范学校编制,并制订"中学教职工编制标准"。城市高中教职工与学生比为1:12.5;县镇高中教职工与学生比为1:13;农村高中教职工与学生比为1:13.5。

第二部分

甘肃省示范性普通高中评估验收标准(试行)

　　1999 年省教育厅正式制订出台了《甘肃省示范性普通高中评估验收标准(试行)》，明确了省级示范性普通高中的评估验收在市(州、地)教育行政部门的协助下，由省教育厅基础教育处负责组织实施。省级示范性普通高中不搞终身制，对已被确定为省级示范性高中的学校，省教育厅每 3 年组织专家进行复评一次，复评不合格者，责令学校限期整改。对办学问题较多，主要问题在整改期内得不到解决者，将由省教育厅撤销其"甘肃省示范性普通高中"称号，并收回标牌。省级示范性高中评估验收的主要内容包括办学理念与发展规划、学校组织与管理、课程实施与学生发展、学校环境与办学条件四个方面。2004 年 5 月重新修订了《甘肃省示范性普通高中评估验收标准(试行)》。

一、办学理念与发展规划(70分)

(一)办学理念(20分)

1. 学校有明确的办学理念，办学理念得到学校管理者、师生、家长与社区普遍赞同。(10分)

2. 能依据办学理念设计并实施各项活动，有宣传落实学校办学理念的具体措施和行动。(10分)

(二)办学目标(20分)

1. 形成明确、清晰的办学目标，办学目标符合学校实际，有办学特色。(10分)

2. 办学目标体现教育方针和时代精神，促进学生身心健康发展。(10分)

(三)发展规划(30分)

1. 学校发展规划符合当地社会、经济发展需要以及本校实际，规划包括近期目标和长远目标，内容、措施具体，重点突出，具有一定的科学性、可行性。(10分)

2. 发展规划体现教育发展趋势、国家教育政策和改革方向。

（10分）

3. 定期对学校各方面发展状况进行广泛调查研究，形成自评分析报告和改进方案，有对学校发展规划进行评估、调整的机制，在制订、评估、调整学校发展规划时，有教职工、学生及家长参加，并接受当地教育行政部门的指导和监督。（10分）

二、学校组织与管理（210分）

（一）领导班子（40分）

1. 领导班子结构合理，成员之间相互尊重、团结合作，形成民主平等的交流氛围和科学有效的决策机制。（10分）

2. 领导班子的工作：正确贯彻、执行党和国家的教育方针政策，坚持社会主义办学方向，具有高度的责任心和实践精神；具有与时俱进规划学校进一步发展的能力；具有一定的理论修养和总结、积累教育经验、改革创新的能力；能遵照民主参与、科学决策、依法办事的原则管理学校，提高学校管理效能；具有团结合作的团队精神。（20分）

3. 校长素质：符合校长任职资格的有关规定，遵纪守法，具有正确的教育观念，有一定的教育科学理论基础，有相关学科系统扎实的基础理论和专业知识，掌握现代教育技术，了解国内外教育改革的趋势，具有开拓进取的精神和民主、平等、实事求是的思想作风，有较强的组织管理能力、协调能力，有丰富的实际工作经验和较强的研究能力，能按照课程的要求对学校各环节工作进行有效管理。（10分）

（二）管理机制（65分）

1. 学校实行校长负责制，校长对学校教学和行政工作负总责。党组织充分发挥政治核心作用，能正确行使监督保障权利。（10分）

2. 实行校务公开，教代会职能得到充分发挥，学生、家长和社区能有效参与并监督学校工作。（15分）

3. 学校内部管理制度化、规范化，有经过民主程序产生的各项规章制度，管理机构健全，职责明确，工作协调，实施有成效。（15分）

4. 初步建立了能促进学生、教师、学校发展的内部督导、评价体系，保障学校各项决策的科学性及有效执行，形成有效合理的激励机制。（15分）

5. 学校有完善的档案管理制度，各类档案资料完备齐全，归类合理。（10分）

（三）办学行为（105分）

1. 严格学籍管理制度，高中规模不低于36个教学班、不超过60个教学班，班额不超过50人。完全中学近3年内有高初中分离的规划，在未分离前，高中学生比例占学生总数的80%以上。严格执行招收择校生的有关规定，不招收复读生。（20分）

2. 严格执行国家教育方针政策，教学秩序良好，不得在规定的课时计划外进行集体补课，不得利用双休日、节假日进行集体补课，禁止乱编、乱订、滥发各种复习资料。（20分）

3. 严格执行财务制度，按国家和省上制订的有关标准收费，接受社会监督，无乱收费现象。（20分）

4. 学校行政后勤工作坚持为教学服务，为师生服务。校办产业为学校发展作出贡献。学校严格执行《学校食堂与学生集体用餐卫生管理规定》，食堂建设与管理符合有关要求。学生宿舍管理严格。（15分）

5. 学校安全工作制度健全，有保障师生安全与身心健康、依法维护师生正当权益及应对突发事件的措施，近3年内未发生重大安全事故。（15分）

6. 学校近3年内接受市级综合督导评估结果为优秀，5年内

获得过省级以上综合奖励。（15分）

三、课程实施与学生发展（360分）

(一)课程管理（40分）

1. 成立了学校课程委员会，并能根据国家课程方案和学校办学理念制订学校课程发展规划。（10分）

2. 教师、学生、家长能有效地参与学校课程建设，包括制订课程计划、开发校本课程、开发课程资源等。学校课程委员会定期对学校课程进行评估并不断更新。（10分）

3. 教学常规管理的计划性、科学性强，形成一套成功的管理经验和学科教学优势。（10分）

4. 教学管理的制度与高中新课程基础性、多样性和选择性的要求相一致，能立足本校实际，为教学管理制度的重建提供经验，为学生全面而富有个性的发展创造宽松的环境。（10分）

(二)国家课程方案的执行（50分）

1. 全面执行国家课程方案，高质量地实施包括综合实践活动、信息技术以及艺术、体育与健康在内的必修课程。（25分）

2. 提供多样的、能基本满足学生需要的选修课程，校本课程充分体现本地和学校特色。学校积极创造条件，为全体学生参加研究性学习、社区服务与社会实践、劳动与技术教育提供指导和帮助。（20分）

3. 加强国防教育，按照《高级中学军事训练教学大纲》，实施以学生军训为主要内容的国防教育。（5分）

(三)教学设计与实施（110分）

1. 教学目标清晰、明确、具体、可操作。（10分）

2. 对教学资源能重新组合，不照本宣科，在注重基本知识传授和基本技能训练的同时，关注学生学习的过程与方法，关注学

生情感、态度、价值观的养成。（30分）

3. 注意教学环境的营造与管理，形成民主、平等、和谐、互动的师生关系和教学环境。（20分）

4. 积极进行教学方式和学习方式的改革，引导学生自主探究、独立思考、合作交流和实践操作，充分发挥学生的自主性、能动性和创造性。（30分）

5. 合理利用包括信息技术在内的各种有效的教学手段，提高教与学的效率。（10分）

6. 教师积极、主动与学生、家长、同事、学校领导进行交流与沟通，能对自己的教育观念、教学行为进行反思，并制订改进计划。（10分）

（四）学生发展状况（120分）

1. 学生有好的品德和文明习惯，自觉遵守《中小学生守则》和《中学生日常行为规范》，遵纪守法，群体精神面貌振作，近3年学生违纪率均在1％以下，无违法犯罪学生。（20分）

2. 近3年学生参加普通高中毕业会考各科平均合格率和优良率分别达到95％和70％以上，当年毕业率达到98％以上。（30分）

3. 当年应届学生参加高考达到重点线、本科线的比例分别达到20％、50％以上。（30分）

4. 近3年学生在省赛区数学、物理、化学、生物等竞赛及青少年科技创新大赛、中学生电脑制作活动中取得较好成绩，每年至少有2人次获省赛区一等奖。（10分）

5. 认真落实学校体育、卫生工作条例，积极推进中学生课外文体活动工程，学生每天体育锻炼平均不少于1小时，有良好的卫生习惯，视力不良新发病率逐年下降，毕业生《学生体质健康标准》及格率达95％以上。积极开展多种形式的课余体育训练，近2年内学校参加市级以上运动会或单项体育比赛获得过团体前三名成绩。（20分）

6. 严格执行《学校艺术教育工作规程》，积极开展课外、校外艺术教育活动，学生有一定的审美能力和艺术欣赏能力，积极参加艺术活动，用多种方式进行艺术表现，每个学生至少参加一项艺术活动。（10分）

（五）学生发展评价（40分）

1. 学校有对学生发展评价的机制，建立每个学生的成长记录，每学期、每学年结束时学校对每个学生进行阶段性评价，评价结果的运用有利于保护学生的自尊和自信，有利于促进学生的发展。（15分）

2. 教师多方面了解并记载学生的优点、潜能、不足以及发展的需要。（15分）

3. 引导学生养成自我反思的习惯，学会正确评价自己，提高自我认识的能力，学生有自评报告。（10分）

四、学校环境与办学条件（360分）

（一）校园文化（20分）

1. 学校选址合理，校园总体规划因地制宜，合理布局，整体性强。校内主要交通道路设计合理，通畅便捷。绿化面积占学校面积的10%以上。（10分）

2. 有丰富多彩的学生社团活动，并积极参加社区文化活动。（10分）

（二）教育资源配置（230分）

1. 学校占地面积不少于80亩（城市学校不少于60亩），能满足正常教学活动需要。（30分）

2. 学校建设符合《城市普通中小学校舍建设标准》中有关高级中学规划指标的要求，校舍建筑总面积（不含教职工住宅和校办工厂）生均达 9 m^2，寄宿制学校学生宿舍生均使用面积不少于

3 m²。（35 分）

3. 学校教育资源的配置（含师资配备）得到当地政府的有力支持，年生均公用经费和事业费逐年增长，并达到或超过省定标准，学校基建项目和大型设备的添置等专项经费纳入地方政府或企业的财政预算。（30 分）

4. 理、化、生实验室完全满足教学需要，每 600 名学生配备标准实验室 3 个（不含准备室），实验室设备达到国家规定的一类标准，演示实验和分组实验开出率 100%。（25 分）

5. 学校信息化环境建设达到《甘肃省中小学校园信息化环境建设评估指标（试行）》规定的一级标准的要求。多功能活动厅座位在 300 人以上。（35 分）

6. 严格执行《甘肃省中小学图书馆（室）管理办法》，图书馆建设符合《甘肃省中小学图书馆（室）建设规范》规定的高级中学一类标准。图书馆实行计算机管理，积极配备各类电子读物。每年新增图书比例不少于藏书标准的 1%。（25 分）

7. 学校有含 100 m 直跑道的 300 m 以上（城市中心区学校 250 m）标准跑道的运动场，并设有与学校规模相适应的篮球场、排球场、足球场及其他体育教学活动设施，体育器材达到国家《中学生体育器材设施配备目录》标准，设备完好率在 90% 以上。（25 分）

8. 学校卫生防疫制度健全，建有校医室，配备有专职校医，校医室设施达到国家《中小学卫生设施配备标准》，教师每两年体检一次，学生每年体检一次，健康档案齐全，有常见病防治制度；教职工厕所（水冲式）面积 50 m² 以上，人均 0.3～0.4 m²；学生厕所（水冲式）面积 240 m² 以上，生均 0.13～0.15 m²。（25 分）

（三）教师队伍（85 分）

1. 教职工编制符合国家制定的标准，学生与教师之比，城市中学达到 12.5∶1，县城中学达到 13∶1。专任教师学历合格率

达 90％以上（县城中学 80％以上）；有一定数量的研究生毕业或取得硕士学位的教师。（35 分）

2. 教师队伍结构合理，中级以上职称占专任教师总数的 60％以上，其中高级教师占专任教师总数的 20％以上。具有一定数量的省级骨干教师。（10 分）

3. 建立促进教师发展的评价机制，有教师自评报告和学校评价报告。（10 分）

4. 建立以校为本的教师培训制度和教学研究制度，参加培训和外出进行学术交流的资金、时间有保障，教师积极参与教育教学改革，善于总结、积累教学经验和教育成果，形成在省内外有影响的教师骨干和教育教学成果，近 3 年内有 2/3 的教师在市（州、地）级以上刊物发表文章，有一定数量的教师在省级以上教学评优中获奖，学校承担有省级以上的教育科学研究课题。（30 分）

（四）学校与社区（25 分）

1. 学校与社区建立了良好的沟通与合作渠道，充分利用社区各种教育资源，为学校教育教学服务，学校在当地有良好的社会形象和较高的社会声誉，发挥自身优势为社区的建设和发展服务，成为传播先进文化和促进精神文明建设的阵地。（10 分）

2. 加强与其他学校的交流（特别是与薄弱高中的交流），定期开展各种学习和交流活动，建立起相互学习、共同发展的校际关系，实现资源共享，优势互补，在教师培训、教研、资源等方面为其他学校提供支持，传播先进的教育理念、优秀的管理经验和教学经验，成为后备校级干部培训和骨干教师培训的基地，成为教学研究和课程改革的基地。（10 分）

3. 建立学校与家庭有效且多渠道的沟通机制，通过对家长的有效培训和指导，帮助家长树立正确的教育观和质量观。（5 分）

第三部分
甘肃省创建省级示范性普通高中的实践历程

甘肃省示范性普通高中学校建设是在标准化学校建设和重点中学工作会议上提出的，创办示范性普通高中是今后普通高中教育发展的重要举措。1995 年，国家教委在全国普通高中教育工作会议上。明确示范性普通高中是一个地区普通高中优质教育资源中心和基地，为当地普通高中建设提供帮扶和支持。要求示范性普通高中无论在基础设施建设上，还是管理干部素质、教师综合素质和教学水平上都具较高水平。据此，甘肃省教委于 1995 年启动创办甘肃省示范性普通高中建设工作，此工作分三个阶段进行。

一、省级示范性普通高中建设的起始阶段

省政府、省教委召开多次会议，制订下发了相关文件，确保起步工作稳步进行。1995 年 8 月，甘肃省教委在实施国家教委《关于大力办好普通高中的意见》、《关于评估验收 1000 所左右示范性普通高级中学的通知》和《加强薄弱普通高级中学建设的十项措施》等三个文件的基础上，于 1996 年 1 月，在金昌召开新中国成立以来甘肃省首次专门研究普通高中教育的工作会议，提出"因地制宜、分区规划、分类指导、分步实施"的普通高中教育发展的 16 字方针。制订了到 20 世纪末全省普通高中建设的"250"规划方案，即到 20 世纪末，全省建设 50 所省级示范性普通高中，改造 50 所薄弱普通高中。拟订了《甘肃省关于加强普通高中教育工作的意见》和《甘肃省示范性普通高中办学标准》两个规范性文件，并正式下发各地、州、市。讨论修订了《甘肃省示范性普通高中评估细则》。

二、省级示范性普通高中建设预评估阶段

1997 年 6 月，甘肃省教委组织省政府督学、教育科研人员、特级教师、中学校长、教育行政干部参加的省级示范性普通高中预评估验收小组，对平凉一中、金川公司一中进行示范性普通高中预评估，在对《甘肃省示范性普通高中评估细则（讨论稿）》（简称《细则》）的可行性和可操作性进行实际运用检验的基础上，对《细则》进行修改和完善。1999 年，兰州市第一中学等 10 余所学校为迎接评估省级示范性高中验收做了大量的准备工作。

1999 年甘肃省教委制订下发了《甘肃省示范性普通高中办学标准》、《甘肃省示范性普通高中评估细则》等文件，甘肃省示范性普通高中建设进入评估、验收、命名、督导形成阶段。

2000 年，按照甘肃省教委颁发的《西部大开发甘肃教育发展纲要 20 条》提出的"加大示范性普通高中建设力度，组织实施普通高中新课程方案，努力开展信息技术教育，积极发展高中阶段教育事业"的发展思路，打破省级重点高中终身制。2000 年 12 月下旬，甘肃省教育厅召开全省示范性高中评估工作总结会议。并组织评估组，对兰州市第一中学等 14 所普通高中进行首批省级示范性普通高中评估验收。这是自 1979 年确定全省 24 所重点中学以来，对普通高中办学水平的首次科学评估，对打破省级重点中学"终身制"，调动普通高中的办学积极性有着重要意义。

2000 年命名的第一批 14 所省级示范性普通高中有：甘肃省兰州市第一中学、西北师范大学附属中学、兰州市第三十三中学、兰州铁路局第一中学、兰州炼油厂第一中学、兰州化学公司总校第一中学、长庆市第一中学、庆阳市第一中学、平凉市第一中学、武威市第一中学、民乐县第一中学、金川公司第一高级中学、酒泉市第一中学、天水市第一中学。

2002 年命名了第二批省级 10 所示范性普通高中，它们是：兰州市第二中学、酒钢市第三中学、张掖市第二中学、永昌市第一中学、民勤县第一中学、武威铁路局中学、靖远县第一中学、静宁县第一中学、甘谷县第一中学、天水铁一中（2005 年 10 月更名为天水市第九中学）。

2004 年，根据全国高中发展与建设经验交流会议精神和全省高中建设现场会议精神，甘肃省教育厅下发《关于加快高中教育改革与发展的意见》，促进了示范性普通高中发展的步伐。甘肃省教育厅组织专家对《甘肃省示范性普通高中评估验收实施方案》和《评估细则（试行）》进行了修订，重新制订《甘肃省示范性普通高中评估验收标准（试行）》，下发了通知，就评估验收内容、评估验收原则、评估验收程序和办法、评估验收管理、评估示范性普通高中应注意的 5 个方面进行了说明。通过对示范性工作进行动态管理，定期进行督导复评，使评估管理工作更加科学规范。甘肃省教育厅按照重新制定的《评估细则》，2004 年对第三批高中进行省级示范性普通高中评估验收命名工作，包括敦煌市中学、嘉峪关市第一中学、张掖市中学、金昌市第一中学、兰州市西北中学、榆中县第一中学、白银市第一中学、白银公司第一中学、会宁县第一中学、定西市第一中学、泾川县第一中学、高台县第一中学等 12 所高中。

2005 年，甘肃省教育厅对兰州一中等 14 所第一批省级示范性普通高中开展督导复评。接着，对兰州市外国语高中、临泽县第一中学、天水市第二中学、武威市第六中学、金塔县中学等 5 所学校进行第四批省级示范性普通高中评估验收工作，并于 2006 年 1 月命名。甘肃省教育厅下发《关于印发首批省级示范性普通高中督导复评情况通报的通知》，将复评情况进行了通报，从基本情况、值得学习和借鉴的做法、需要整改和引起关注的几个问题、关于今后工作的意见等 4 方面进行陈述。这促进了已命名的省级示范性普通高中总结经验、查找问题，做好整改和巩固提高工作。省教育厅对督导复评中办学特色鲜明的西北师范大学附属中学、天水市第一中学、兰州市第一中学、民乐县第一中学进行表彰奖励，每校奖励 5 万元。与此同时，各市、州也纷纷开展市级示范性高中建设，创建了一批市（州）级示范性普通高中。

2006 年 12 月省教育厅命名：兰州市外国语高级中学、临泽县第一中学、金塔县中学、武威市第二中学、武威市第六中学、天水市第二中学、庄浪县第一中学等 7 所普通高中为省级示范性普通高中。

2008 年 10 月，省教育厅对张掖市中学、敦煌市中学、金昌市第一中学、会宁县第一中学、泾川县第一中学、嘉峪关市第一中学等 6 所学校进行了督导复评。

2009 年 5 月，省教育厅对兰州市西北中学、榆中县第一中学、白银市第一中学、白银公司第一中学、定西市第一中学、高台县第一中学等 6 所普通高中进行了复评，命名兰炼二中、临洮县中学、陇西县第一中学、白银市实验中学、临夏州中学等 5 所普通高中为省级示范性普通高中。

截至 2009 年年底，全省共有省级示范性普通高中 48 所（甘肃省省级示范性普通高中名单附后），在校生 134072 人，占全省普通高中在校生的 21%；市级示范性普通高中 119 所，在校生 250865 人，占全省普通高中在校生的 39.8%。这些示范性普通高中分布在全省各地，在当地发挥着人才培养基地、师资培训中心、教学研究中心、信息资源中心的作用，带动了当地高中教育的发展，有效地促进了全省普通高中教育的均衡发展，促进了优质高中教育资源向全省的扩散，极大地满足了人民群众对优质高中教育资源的追求。

甘肃省省级示范性普通高中学校名录

序号	市（州）	学校名称	命名时间
1	兰州	甘肃省兰州第一中学	2000 年
2	兰州	西北师范大学附属中学	2000 年
3	兰州	兰州市第三十三中学（兰州大学附属中学）	2000 年
4	兰州	兰州市第五十一中学（原兰州铁路局第一中学）	2000 年
5	兰州	兰州市第五十八中学（原兰州炼油厂第一中学）	2000 年
6	兰州	兰州市第六十一中学（原兰州化学工业公司总校第一中学）	2000 年
7	兰州	兰州市第二中学	2002 年
8	兰州	榆中县第一中学	2004 年
9	兰州	兰州市西北中学	2004 年
10	兰州	兰州市外国语高级中学	2006 年
11	兰州	兰州市第五十九中学（原兰州炼油厂第二中学）	2009 年
12	张掖	民乐县第一中学	2000 年
13	张掖	张掖市第二中学	2002 年
14	张掖	张掖市中学	2004 年
15	张掖	高台县第一中学	2004 年
16	张掖	临泽县第一中学	2006 年
17	嘉峪关	嘉峪关市酒泉钢铁公司第三中学	2002 年
18	嘉峪关	嘉峪关市第一中学	2004 年
19	酒泉	酒泉市第一中学	2000 年
20	酒泉	敦煌市中学	2004 年

序号	市(州)	学校名称	命名时间
21	酒泉	金塔县中学	2006 年
22	武威	武威市第一中学	2000 年
23	武威	武威铁路局中学	2002 年
24	武威	民勤县第一中学	2002 年
25	武威	武威市第二中学	2006 年
26	武威	武威市第六中学	2006 年
27	金昌	金川公司第一高级中学	2000 年
28	金昌	永昌县第一中学	2002 年
29	金昌	金昌市第一中学	2004 年
30	白银	靖远县第一中学	2002 年
31	白银	会宁县第一中学	2004 年
32	白银	白银市第一中学	2004 年
33	白银	白银市第八中学(原白银公司第一中学)	2004 年
34	白银	白银市实验中学	2009 年
35	定西	定西市第一中学	2004 年
36	定西	临洮县中学	2009 年
37	定西	陇西县第一中学	2009 年
38	庆阳	庆阳市第一中学	2000 年
39	庆阳	长庆油田第一中学	2000 年
40	天水	天水市第一中学	2000 年
41	天水	天水市第九中学(原天水铁路局第一中学)	2002 年
42	天水	甘谷县第一中学	2002 年

序号	市（州）	学校名称	命名时间
43	天水	天水市第二中学	2006 年
44	平凉	平凉市第一中学	2000 年
45	平凉	静宁县第一中学	2002 年
46	平凉	泾川县第一中学	2004 年
47	平凉	庄浪县第一中学	2006 年
48	临夏	临夏回族自治州中学	2009 年

在省级示范性普通高中的创建过程中，省教育厅依据《甘肃省省级示范性普通高中评估验收标准》，坚持"成熟一个，验收一个"的原则，不搞地区照顾，不搞终身制。申报没有名额分配，没有指标限制，不分地区和学校，只要能达到标准，就可以逐级申报验收。示范性高中分省级和市级两个层次，必须先达到市级标准，才能申报省级验收。对已经评上的示范性高中，省教育厅每 5 年还要进行督导复评，不合格的要限期整改，整改不合格就摘牌。从 2005 年开始，已对 28 所示范性高中进行了督导复评。复评时，对一些发展步伐缓慢、不能与时俱进的学校提出了限期整改要求，有效地促进了学校的持续发展，保证了示范性高中的质量和声誉。

在创建省级示范性高中的过程中，由于一些地区和学校对创建示范性学校认识上的偏差，也出现了一些问题和不足。比如，"重硬轻软"，片面理解示范高中的办学标准，热衷办学条件的改善，对教育的育人功能和人的发展认识不足，重视不够；一些学校存在追求表面文章和弄虚作假的不正之风；个别学校的示范性"错位"，抢生源，导致学校间的恶性竞争加剧；已经评上示范性高中的学校之间，在学校文化、办学条件、学校管理、教育质量方面存在一定的差距，发展不平衡。

2010 年秋季甘肃省已全面实施普通高中新课程实验。甘肃省教育厅将以"促进学校反思、发展和进步"为目的，按照新课程实验的要求，进一步修订完善省级示范性高中评估验收标准，使其更加科学合理；将评估验收的侧重点真正转移到提升学校管理水平、提高教学质量和效益方面，充分发挥示范性高中的示范带动作用，进一步促进区域教育水平的提高；把注意力从抓硬件建设尽快转移到提高管理水平，提高教学质量，促进学生、教师的发展上来。

第四部分

省级示范性普通高中学校办学理念集萃

一、甘肃省兰州市第一中学办学理念

办学理念： 养德、开智、健体、立美。

办学目标： 创一流业绩（环境一流、设备一流、队伍一流、管理一流、质量一流），求最佳效益，育四有新人。

办学思路： 全面理解和贯彻党的教育方针，稳步地、科学地推进素质教育，因材施教，发展特长，不断提高学生综合素质，培养学生的创新精神和实践能力，为学生升入高一级学校打下坚实的基础，为高等学校输送合格的新生。

校训： 弘毅。

【释义】

弘毅： 此校训于 1902 年建校初期确定，并沿用至今，已成为兰州市第一中学的传统、灵魂和象征。"弘毅"出自《论语·泰伯章》。曾子曰："士不可以不弘毅，任重而道远。仁以为己任，不亦重乎？死而后已，不亦远乎？"

弘毅，《集解》引包咸注："弘，大也。毅，强而能断也。"章炳麟《广论语骈枝》说："此'弘'字即今人'强'字也。《说文》：

‘毅，有决也’。任重须强，不强则力绌；致远须决，不决则志渝。"

《论语·泰伯章》曾子说的这段翻译成现代汉语是：曾子说，"士不可以不志向远大，意志坚强，因为他肩负重任，路途遥远。以实行仁道为己任，不是很沉重吗？直到死才能罢休，不是很遥远吗？"根据曾子的这段话，当年学校定"弘毅"为校训，至今已有一百多年的历史了。

此校训的整体含义是：旨在培养学生成为能承担社会、民族重任的栋梁之材，要求学生做到志向远大，意志坚强，为了祖国和民族的利益不怕艰难险阻、任重道远。因此，"弘毅"作为校训可概括成"志向远大，意志坚强"八个字。在今天，以"弘毅"为校训有其新的寓意和内涵，即学校要培养广大学生的创新精神和实践能力，使他们学会学习、学会生存、学会发展，为中国特色社会主义建设、为中华民族伟大复兴，为人类和平、进步和繁荣贡献自己的力量。

校风：团结、勤奋、求实、创新。
教风：勤奋、严谨、善诱、慎行。
学风：勤学、好问、多思、求是。

通讯地址：兰州市城关区小沟头 12 号
邮编：730030
联系电话：8824122
网址 http：//www. lzyz. net
电子信箱：xzxx@lzyz. net

二、西北师范大学附属中学办学理念

办学理念：和谐容大、卓越发展。

办学目标：创五个"一流"，把附中办成甘肃第一、西部一流和全国著名的示范性、实验性、高质量、高标准、有特色的普通高中。

办学思想：坚持以人为本，贯彻两个全面，实施素质教育，促进全面发展。

校训：勤、慎、诚、勇。

【释义】

西北师大附中发端于晚清政府 1901 年创办的北京"五城学堂"，其前身系"北平师大附中"。在百余年办学历程中，附中历经风雨沧桑，但附中人却始终秉承着"勤、慎、诚、勇"的校训，并不断将其发扬光大。

勤：是中华民族的传统美德，要义为勤奋，源于"敏"。《论语·学而》篇："敏于事而慎于言，就有道而正焉，可谓好学也已。"这里的"敏"即勤勉之意，好学贵在勤勉。韩愈言："业精于勤，荒于嬉。"这从另一角度提醒我们，求学精、欲教成、要成才，就不能不勤奋。人们常说："一日之计在于晨，一岁之计在于春，一生之计在于勤。"因此，"勤"被列为附中校训的第一字，而全校上下也始终尚勤、倡勤、行勤。

慎：有谨慎、慎重、审慎之意，包涵"慎思"、"慎言"、"慎行"等方面。《礼记·中庸》云："审问之，慎思之。"《诗经·小雅·巷伯》云："慎而言也。"在行为上，则要"慎于微"。《后汉书·陈忠传》云："轻者重之端，小者大之源，故堤溃蚁孔，气泄针芒，是以明者慎微，智者识几。"所以，我们的思想、言行均需小心谨慎，三思而后行。

诚：乃立人之根本。用"诚"字做校训，主旨在奠定、强化为人处世的道德基础。《大学》有言："欲正其心者，先诚其意。""所谓诚其意者，毋自欺也。"人无诚则鄙陋，家无诚则危殆，国无诚则信绝于天下，同样，不论是为师者还是为学者，都要持守诚信的根本。

勇：其含义是勇敢。《礼记·聘义》云："故勇敢、强有力者，天下无事则用之于礼义，天下有事则用之于战胜。"可见，不论是在战时还是在和平年代，"勇"都是我们不可或缺的一种素质。要为实现中华民族的伟大复兴添砖加瓦，每一位附中人都要勇于创新、勇于进取、见义勇为，同时，也要时刻注意勇于自省、勇于改过。

"勤、慎、诚、勇"的校训是附中在百余年教学历程中积淀形成的文化底蕴和教育特质的集中体现，它凝结着几代附中人的精魂，也彰显了今日附中的风采。我们坚信，只有时时勤慎，才能做大事、成大业；只要人人诚勇，必能做好人，成大材。

校风：勤奋朴实、规范严谨、科学民主、自觉进取。

教风：师德正、业务精、治学严、标准高。

学风：勤奋好学、慎思明辨。

通讯地址：甘肃省兰州市安宁区十里店南街 21 号

邮编：730070

联系电话：0931－7752517

网址：www.nwnusch.cn

电子邮箱：nwnusch@nwnu.edu.cn

三、兰州市第三十三中学
（兰州大学附属中学）办学理念

办学理念：学校教育的本质在于提升人的生命价值，为学生适应未来、终身发展奠基。

办学目标：育人为本，和谐发展，教有艺术，学有特长，校有特色，将学校建成具有鲜明示范性的陇上名校。

校训：诚、明、博、雅。

——以诚博励学，以明雅弘德。

【释义】

诚：信也，敬也，纯也，无伪也，真实也。"诚"作为一种德性行为，自古至今一贯受到重视。《中庸》认为"诚"这一精神实体起着化生万物的作用："诚者，自成也。""诚者，物之终始，不诚无物。是故君子诚之为贵。"（真诚是人的自我完善，真诚贯穿于一切事物的始终，没有真诚就没有万物，因此君子以真诚为贵。）还认为："诚者，天之道也。诚之者，人之道也。""诚之者，择善而固执之者也。"（诚实是天道的法则，做到诚实是人道的法则。要成为做到诚实的人，就必须选择至善的道德，并且要坚守不渝地实行它才行。）诚是每个人做人、做事、做学问的基石，使学生成为一个诚实、诚朴、诚恳、诚信的人，是我们教育的起点和终点。

明：本意为明亮、光明，也指明白、清楚。当代的中学生，应该是性格阳光、心地光明、思想开明、思维明晰、举止文明。明，也指明德、明理、明辨，明大义、明大体、明是非的一代新人。我们的教育，就是要让学生能跟上时代潮流，有正确的人生观、价值观，有明确的奋斗目标。

诚明：中国古代哲学术语。《中庸》："自诚明，谓之性，自明诚，谓之教。"意思是，由真诚而自然明白道理，这叫做天性；由明白道理后做到真诚，这要靠人为的教育。真诚也就会自然明白道理，明白道理后也就会做到真诚。明清之际王夫之以"诚"为宇宙的一般规律，把"明"释为对客观规律的认识和把握，以知行关系阐述诚与明的关系，认为"诚明合一，则其知焉者行矣，行焉者咸知矣"（《读四书大全说》卷四），强调诚明（知行）的统一。

博：大通也。意即宽广、广博、丰富。以博为校训，意味着我们的师生，应该博览群书，博闻强识，博采众长，博学多才。不仅要有文化知识上的博古通今，还要有思想学识上的广博精深，心胸见识上的博大宽广。

雅：雅者，正也，指合乎规范。又有"正而有美德者谓之雅"（"君子安雅"注——《荀子·荣辱》）。现在多指高尚不庸俗的，美好不粗鄙的。如雅量高致（气度不凡，情趣高尚）、雅驯（温文不俗）、雅人深致（高雅的人情趣深远，举止不俗）等。我们的师生，应该是有雅兴和雅怀、雅趣和雅量的雅士。

博雅：意指学识渊博、品行雅正。前者是对为学的要求；后者是对为人的期望。博雅教育（Liberal Arts）历史悠久，古希腊就倡导博雅教育（Liberal Education），旨在培养具有广博知识和优雅气质的人，让学生摆脱庸俗、唤醒卓越。博雅教育在美国称为Liberal Arts Education，在台湾称为通识教育，在香港称为博雅教育，在中国大陆则普遍称为素质教育。虽然对博雅教育的叫法不同，但是各方面都一致认为在传授专业知识的同时，应该注重通识教育，提供人文训练，培养人文素质。

学校教育的内容千头万绪，归结其要者不外乎"品"与"学"两个方面。以"诚、明、博、雅"为兰大附中的校训，最为凝练地体现了学校对受教育者的殷切期盼，同时也契合学校的核心理念。

校风：厚载躬行、和谐共进。

教风：敬业善导、立德育人。

学风：乐学善思、奋发践实。

通讯地址：兰州市城关区一只船南街 22 号

邮编：730000

联系电话：0931－8803803

四、兰州市第五十一中学
（原兰州铁路局第一中学）办学理念

办学理念：厚德、宏志、敦行、求真。

【释义】

厚德：出自《周易·坤》中的卦辞："天行健，君子以自强不息；地势坤，君子以厚德载物。"天（即自然）的运动刚强劲健，相应于此，君子应刚毅坚卓，奋发图强；大地的气势厚实和顺，君子应拥有高尚的品德，容载万物。厚德载物作为中华美德的一种概括，历来成为志士仁人崇尚的最高道德境界，有着深刻的内涵，有着丰富的文化底蕴，说明了思想道德品质在整个人生中的意义，体现了思想道德教育的重要性。学校始终将学生的品德教育置于一切工作之首，教师以"育人"为教育教学的首要职责。所以，我们取其义，将"厚德"放在校训之首，要求所有教师注重学生的道德修养，这与"努力使道德法令化为内在需求，最终培养出符合社会发展需求的具有高尚道德情操的建设者和接班人"这一教育宗旨是完全切合的。

宏志：出自《左传·襄公二十七年》，"志以发言，言以出信，信以立志，参以定之。""宏志"是指树立宏伟远大的理想和志向。把它作为办学理念之一，是对教师和学生的要求，学生应把远大的理想作为自己学习的动力，认识到学习不仅和自己的未来有关，同时也是一种严肃的责任感的担负；对教师而言，是指在教育教学中，培养学生要有自我发展的宏伟志向，帮助学生树立远大的理想和正确的人生观、世界观和价值观；引导学生正确地对待失败和成功，学会在得失中锻造和健全自己的人格，做一个具有高尚道德情操和远大理想抱负的人。

敦行：语出《礼记·曲礼上》，"博闻强识而让，敦善行而不息，谓之君子。""敦"是敦促、勉力的意思，"敦行"意即勉力去做，强调动手的能力、实践的作风和对道德的践履。坐而论道、光说不做，只能是语言的巨人、行动的矮子。为学者不光要志存高远，而且还要身体力行，在实践中展现自己的知识与品格，远大抱负只有通过脚踏实地的行动才能实现，只有认真实在、脚踏实地行动并在行动中勇于开拓创新，只有将知和行、理论和实践、认识世界和改造世界统一起来，才能算是对社会有贡献的人。因此，要将培养学生良好的行为习惯和学习习惯贯穿于整个教学过程中，提高学生的动手实践能力，学会创造，并善于在创造中独立思考，在思考中不断创新。重视养成教育，为学生终身奠基，充分体现了"以人为本"的思想。

求真：这既是对做人的品格要求，又是求知的科学态度。陶行知先生有言："千教万教教人求真，千学万学学做真人。"成功之路，始于做人。只有学会做人，做一个真正的人，才能以求实的态度探索客观世界的真谛与规律。"求真"的另一层含义是为人处世的真诚与信实，它的对立面是做假。在呼唤诚信的今天，提倡"求真"，更能彰显出它的现实意义。正如诗人海涅所言："生命不可能从谎言中开出灿烂的鲜花。"一旦失去了"真"，"善与美"便无所依附。因此，将"求真"置于校训之中，体现出学校务实的态度与精神追求。

办学目标：争创一流的师资队伍、一流的管理水平、一流的教育质量、一流的文化品质。

【阐释】

眼界决定境界，思路决定出路，布局决定结局。学校要在当今激烈的校际竞争中胜出，就必须在发展规划上做到"争创一流的师资队伍、一流的管理水平、一流的教育质量、一流的文化品质"，在审时度势的基础上以高瞻远瞩的胸襟和出奇制胜的决策不断实现跨越式发展，以"一流"的学校培养出"一流"的学子。

办学思想： 高品质、高实践性、高发展力和竞争力的一流学校。

校训： 崇德、敬业。

【释义】

崇德、敬业： 是对教育工作者提出的思想道德方面的要求。"崇"是推崇的意思，"德"在古汉语中释义为道德、品行、德行、修为、情操和气节。《易·坤》有言："地势坤，君子以厚德载物。"意指人具有深厚的道德修养和品格。《大学》有言："大学之道，在明明德，在亲民，在止于至善。"《大学》"在明明德"的理念包含了"格物、致知、诚意、正心、修身、齐家、治国、平天下"，"在明明德"是弘扬、推崇正大光明的道德理念（这里借用的是重在德育的意思）。德在这里可诠释为：一为德行，意即美好的道德品行；二为德育，以德育人；三为道德，德以修身。"敬业"指忠于职守，诲人不倦，以育人为乐，严谨治学，潜心施教，创优良绩效；教书育人，为人师表，做学生、家长、公民的表率，这是教师拥有高尚的职业道德的标志，是一种主动的自觉的饱含热情的工作态度和职业精神。若能处处以主动、努力的精神来工作，那么即使在最平凡的职业中，也能增加他的威望和财富。这是对教育工作者提出的思想道德方面的高要求。

校风： 严格、勤奋、互励、拓新。

教风： 治学严谨、诲人不倦。

学风： 勤学慎思、志在鸿鹄。

通讯地址：兰州市城关区和政东街47号

邮编：730000

联系电话：0931—4930226

五、兰州市第六十一中学
（原兰州化学工业公司总校第一中学）办学理念

办学理念： 育人为本、科研兴校、追求卓越、走向国际。

办学目标： 省内一流、国内知名、走向国际。

办好一所学校，要做的事情千头万绪，但是兰州市第六十一中学（以下简称兰化一中）始终把校风、教风、学风这"三风"建设作为学校建设的基础工程，常抓不懈，常抓常新。

"三风"是学校的向心力和凝聚力，是学校的精神和气质。一句话，它是学校的一座精神和文化的熔炉。它以有形无形的方式锻造和提炼着师生的思想、智慧、意志、品格、作风、情操。"三风"是学校的风尚、风气，它在不知不觉中潜移默化着师生的言论取向和行为习惯，积极地影响着师生的内心世界。

抓好"三风"建设，是兰化一中发展史上最富魅力的特色之一，而且它深刻地影响着兰化一中的成长进程，是兰化一中一面永不褪色的旗帜。

校训： 真、先、勤、善。

【释义】

兰化一中校训为"真、先、勤、善"四字。校训、校标均在全校师生和广大校友中征集，经学校十一届九次教代会代表审议通过。

校训乃学校之魂，体现学校的办学理念，是校风、教风和学风的集中体现，是学校的精神和气质。校训是学校的一座精神和文化的熔炉，它以有形无形的方式锻造和提炼着师生的思想、智慧、意志、品格、作风、情操，它是学校的风尚、风气，潜移默化着师生的价值取向和行为习惯，深刻影响着师生的内心世界。

校训的内涵为：实事求是，追求真理；敢为人先，追求卓越；孜孜不倦，全力以赴；与人为善，和谐发展。

真：意为本原的，固有的。有真知，真诚，真谛，真切，本性，真实之义。与假、虚、伪相对。表达了兰化一中办学的思想路线，不唯上，不唯书，只为实；一切从实际出发，实事求是，从社会的需求出发，从事物的客观规律出发，不急功近利，为人正直，待人真诚，培育师生科学精神的价值观。"真"是兰化一中人人生追求的崇高境界。即实事求是，追求真理。

先：据甲骨文，"先"字上面是"止"（脚），下面是"人"。意思是脚已走在人的前面。本义先觉，先知，先行，先河，先驱之谓也。与落后相对。"先"表达了兰化一中人的积极进取，勇于创新，敢为人先的办学风格。兰化一中人从不安于现状，求新、求变，敢为天下先。"先"是一中人做事的积极态度。即敢为人先，追求卓越。

勤：勤奋，勤勉，勤恳，勤俭。不懒惰，乐于做，努力地去做。勤是成功之基础，是传统之美德。勤与懒惰相对。勤表达了兰化一中培养人的品格目标，就是要珍惜时间和资源，勤学习，勤思考，勤探究，勤实践，勤创造；就是做事认认真真，努力干好每一件事情，不怕吃苦，踏实工作。"勤"是兰化一中人做人的坚定的意志。即孜孜不倦，全力以赴。

善：善良，慈善，友好，和善。善的反面是恶。善表达了兰化一中培养人的情感目标，即教人学会做人，学会做事，做善人，行善事；倡导彼此相互尊重，相互关爱，与人为善，友好相处，和谐发展的人际交往观念。"善"是一中人做人的基本准则。即与人为善，和谐发展。

校风：是学校精神的核心。"求实、创新、勤奋、献身"这 8 字校风，是兰化一中立校的精神支柱。学校早在 1978 年就提出了"勤奋学习，遵守纪律，懂得礼貌，讲究卫生，爱护公物，热爱劳动，艰苦朴素"的 28 字校风，到 1979 年正式确定了"求实、创新、勤奋、献身"的校风。"求实"，表达了兰化一中办学的思想路线，不唯上，不唯书，只唯实；一切从实际出发，从社会的需要出发，笃信实践是检验真理的唯一标准，一切让事实说话。"创新"，是兰化一中的办学风格，从不安于现状，从不沾沾自喜于已得成绩，求新，求变，敢为天下先。创新意识、创新精神、创新能力是时代的要求，是教育的必需。只有创新的教育，才能造就创新的人才。"勤奋"，是兰化一中人的作风，辛勤耕耘，才有收获。"献身"，是兰化一中人的精神追求和归宿。作为兰化一中人就要立下志向，终生不悔地为祖国的教育事业，为国家的科学事业，为民族的富裕和国家的强盛，贡献自己的全部智慧和力量。

教风：是教师工作的一种风范。"负责、严谨、探索、务实"这 8 字教风，是兰化一中对教师工作的基本要求。"负责"是一种态度，态度决定一切。一个老师只要对学生、对家长、对学校、对社会有一种负责的态度，什么问题都好办。"严谨"，是一种科学意识和作风，对自己的学科和教学严肃认真，一丝不苟，精益求精，追求完美。"探索"，是指具有改革精神，不满足已有知识，探索新知，不满足已有教法，探索新法。总之，能应乎时代之发展，与时俱进。"务实"，是指不图虚名，追求实效。作为老师，就要做好每一项教育教学工作，备好每一堂课，上好每一堂课，批改好每一次作业，把教育教学工作落实到每个学生身上，取得实际效果。如古人云："春花如数，毕竟何如秋实。"

学风：是学生学习的一种风气。"勤奋、多思、诚实、进取"这 8 字学风，是兰化一中对学生的最基本的要求。勤奋，是一叶方舟，它会把我们载向知识的彼岸；勤奋，是一把钥匙，它会给我们打开知识的宝库；勤奋，是一个阶梯，我们可以沿着它攀登知识的顶峰。所以，勤奋是每一个求学者必须具备的品格。多思，古人云："心之官则思"，又言："学而不思则罔"，强调了思考的重要性。每个学习者都要注意养成独立思考、善于思考、深入思考的习惯，在学习中要学会提出问题，多问几个"为什么"，达到"知其然"并"知其所以然"，且有所发现。"为学患无疑，疑则有进。"诚实，是生命的尊严，是人生的最高价值目标；诚实，是人品道德的核心和基石。每个学习者要认真修养诚实的品德，使自己成为一个真人，惟其如此，才能拥有真才实学。进取，古人云："学如逆水行舟，不进则退。"学习也罢，做事也罢，它们共同的法则，就是不进则退。学业上或事业上的任何一点进步，都来自于人的进取心。人的发展是一切发展的核心和最终目的。在学校里学习就是为实现每个人的发展奠定基础。学校为每个人的发展提供平台，老师为每个人的发展提供帮助，但是否能实现发展，主要还是靠每个学习者的进取心。学海无涯苦作舟，学无止境需进取。

"三风"中，校风为总纲，教风和学风为两目，纲举才能目张。校风统领教风、学风，教风、学风又细化和充实校风，是相辅相成，相得益彰的。

学校"三风"建设非一时一事之功，而是要从大处着眼，小处着手，常抓不懈，持之以恒，需要一种锲而不舍的韧性，才能逐见成效。

干部队伍建设目标：团结、务实、廉洁、创新。

机关队伍建设目标：热情、准确、干练、高效。

教师队伍建设目标：学高为师、身正为范、师爱为本、敬业奉献。

学生队伍培养目标：让每一个学生都得到最充分和谐的发展（合格＋特长）。

工作理念：日清日毕、日新日高、没有最好、只有更好、追求卓越。

兰化一中精神：求真务实、拼搏奉献、争创一流、全面育人。

　　通讯地址：兰州市西固区福利西路 560 号
　　邮编：730060
　　联系电话：0931－7965448
　　电子信箱：gslhyz@163.com

六、兰州市第二中学办学理念

办学理念：明德、启智、和谐、大成。

【释义】

明德：涵养和彰显德性。《尚书·君陈》言"明德惟馨"，意为真正能够发出香气的是美德。《礼记·大学》上说"大学之道，在明明德，在亲民，在止于至善"，意指"明德"是最高的为学之道，是要教导学生能够彰显自己心中美好的德性，时常想到上天所赋予你的天良，这样才能使人革旧从新，身体力行，处于内心清明的、最高的、善的境界上，这就是做人的基本道理。今天的"明德"意蕴教师师德高尚，爱岗敬业；学生思想健康，行为端正。最基本、最普遍的要求则是具有良好的公民道德意识和爱国主义思想，这应成为每一个二中人心中最虔诚的信念，也是我校培养人的最高目标。

启智：《说文解字》上说，智者彻也，即言有"智"就能探求事理，研究问题，从而达到凡事通透、明白。"智"应包含智力、智能和智慧。启智即唤醒并开启发学生的智慧，主要体现在"授业"、"解惑"方面，但不仅限于此。启智的核心是在传授知识的同时，开发智力，激发潜能，使学生掌握研究问题的方法和科学的思维方法，培养学生的生活和学习能力，促进学生全面发展，为学生开启智慧人生。

明德是精神品质的塑造，启智是技能方法的培养，两者相辅相成，共同促进学生的进步与发展。

和谐：在甲骨文和金文中都有"和"字。和，用以描述内部治理良好、上下协调一致的状态；谐，有协调、融洽的含义。《左传》有"为乐之和、无所不谐"。我国古代思想家们一般把自然称为天或天地，并将其视为一个和谐整体。在古代典籍中，有关和谐的思想源远流长。从孔子的"和而不同"，管子的"和乃生，不和不生"，到董仲舒的"和者，天地之生成也"表达的观点是一致的。

"和谐"是宇宙与万物存在的基础，或者说宇宙与万物都存在于和谐的状态中。可见，祈盼和顺、追求和谐是中华民族悠久的文化传统和高尚品德。千百年来，"和谐"的思想深深植根于人们的实际生活中，影响着人们的思想观念和行为准则。可以说"和谐"乃处理人世间各种关系的箴言和要义。国家和则强，自然和则美，社会和则安，和谐社会、社会和谐，一直是人们美好的追求和憧憬。我们把和谐定为办学理念，意在创建和谐校园，营造精神和文化的引力场，丰富我们的智慧，净化我们的心灵，塑造我们的性格，培养德、智、体、美、劳诸方面和谐发展的学生，使校园充满生机和活力，充盈诚信与友爱，使身处学校的每个人都能与学校一同发展和提升。

大成：此二字出自《孟子》，"孔子之谓集大成"。意思是孔子思想集古圣先贤之大成，赞扬孔子对中华文化作出的巨大贡献。

兰州二中确立的"大成"有三层含义：一是集大成；二是成功教育；三是人人大成功。集大成即要求学生博学、审问、慎思、明辨、笃行，培养学生集当今世界人文、科学和艺术领域的大成。成功教育作为一种教育理念，一种基本教育价值取向，其含义十分广泛，既指获取了巨大的成就，又指日常生活中微小的成功；既包括积极因素的成就，又包括从消极面向积极面的转化；既体现在学习成绩的提高，又体现在各项活动中的成功；既有按教师、社会期望而获取的成功，又有学生自主发展取得的成功。大成教育收获的必定是教育的成功，是让每位学生在原有基础上获取成功，在成功中体验快乐，激发学生学习的兴趣，最终使二中学子在为人、处事、做学问、成事业诸方面取得最大化的成功，达到"人人成功，个个成才"。和谐是大成的基础，大成是和谐的结果；和谐大成是我们美好的理想，更是不懈的追求。

办学目标：实施以全人教育为核心的大成教育；为社会培养有责任感的公民；为国家培养高素质的人才和社会主义建设者；为学生的幸福人生奠基。

校训：诚、正、勤、朴。

【释义】

"诚、正、勤、朴"由我校首任校长赵元贞博士提出并立为校训，它是传统美德的集合和萃华，是处世准则，更是立身之本。其用意是，勉励全校师生继承和弘扬中华传统美德，诚实守信做人，品行端正处世，勤奋上进成事，朴质无华立身。

校风：尚文、求真、务实、严明。

教风：精诚、博爱、善诱、严谨。

学风：明礼、笃学、善思、进取。

通讯地址：兰州市城关区武都路 185 号

邮编：730030

电话：0931－8463070

七、榆中县第一中学办学理念

办学理念：一切为了师生的主动发展，让教育与生命融合为精彩人生。

【释义】

教师是学校发展的关键，教师的职业道德、职业技能对学校的发展至关重要，因此不断提高教师的自身素质和专业技能是学校发展的动力之源。学生是学校发展的生命线，学校教育的目标是让学生"学会认知"、"学会做事"、"学会共同生活"和"学会生存"。因此一切为了师生的主动发展，学校才能发展。教育的真谛就是要让人活得有尊严，生命因教育而丰富多彩。教师的素养是关乎生命教育成败的关键问题。因此，我校提出了"一切为了师生的主动发展，让教育与生命融合为精彩人生"的办学理念。我们以追求教师的美好职业情操去熏陶学生，用自身的人格魅力去感染学生，用有效的方法去教育学生，以达唤醒学生的生命责任意识，激发学生的生命情感，培养学生履行责任的能力，从而帮助学生形成良好的责任行为。

办学目标：努力奋斗，把榆中县第一中学建成陇原名校，培养全面发展的社会主义合格公民。

办学思想：依法治校、科研兴校、特色立校、文化引领、内涵强校。

校训：厚德、启智、欣赏、创新、成长、独特。

【释义】

"厚德"出处。《易•坤》："地势坤，君子以厚德载物。"

厚德：学校培养的学生应刚毅坚卓，奋发图强；应增厚美德，容载万物。

"启智"出处。"启"出自《论语·述而》。"不愤不启，不悱不发，举一隅不以三隅反，则不复也。""智"的本义是聪明，智力强。

启智：用智慧的思维启迪心智，培养学生学会运用科学的思维方法思考问题、解决问题。

"欣赏"出处。出自晋代陶潜《移居》诗之二，"奇文共欣赏，疑义相与析"。

欣赏：就是在教学活动中通过激励学生，让学生成功，使学生有成就感、幸福感；培养学生的自尊心、自信心，让学生有不断进取的动力；承认学生差异，允许错误和失败，让他们在成长的过程中充分发挥自己的潜能。

"创新"出处。起源于拉丁语，它原意有三层含义：第一，更新；第二，创造新的东西；第三，改变。创新是人类特有的认识能力和实践能力，是人类主观能动性的高级表现形式，是推动民族进步和社会发展的不竭动力。

创新：通过创新性的教学，启发学生的学习兴趣，激活学生的思维，发掘学生的潜能，鼓励学生大胆质疑，促进学生的个性发展，培养学生的创造精神和创造能力。

"成长"出处。出自《北齐书·王昕传》："我弟并向成长，志识未定，近善狎恶，不能不移。"

成长：就是让学生在德、智、体、美、劳诸方面得到发展，培养全面发展的社会主义合格公民。

独特：就是培养个性鲜明、人格独立、品质优良、道德高尚的学生。

教风：敬业、爱生、创造、智慧、形成风格。

学风：自主、探究、合作、博学、具有个性。

校风：关怀博雅、宽容尊重、创新卓越、自主双赢、激励成长、和谐发展。

通讯地址：甘肃省榆中县城关镇兴隆路 270 号

邮编：730100

电话：0931—5225154

八、兰州市西北中学办学理念

办学理念：在开放的教育中培养现代人，在民主的教育中培养自主人，在科学的教育中培养创新人，在和谐的教育中培养健康人。

【释义】

西北中学办学理念的确立，缘于三个理由：

第一，从八十多年的发展历史看，西北中学之所以能够培养出一代代德才兼备的人才，能够在甘肃省基础教育界产生较大的影响，不仅因为有一批又一批师德高尚、学识渊博、富有远见的教育者的辛勤努力，更主要的是有一个开放、民主、和谐的教育教学环境。继承历史优秀遗产，发扬学校优良传统，是办好学校的必要条件。

第二，从教育本质或教育终极目标看，教育是最关乎人自身的事业，教育的核心是人，它要关怀的是人的解放、人的完善、人的发展；它以人为本，从人出发又为了人；通过教育使人成为创造的人，全面发展的人，使人"愈成其为人"，是教育的本质功能。学校教育应该复归教育的本质功能，这是教育的终极目标。

第三，从当前教育改革的发展趋势看，教育改革的目的，就是要摒弃将教育工具化的做法，复归教育培养全面发展的人的本质功能，全面提高人的素质。学校只有形成开放、民主、和谐的育人环境，才能适应当代社会发展的需求，才能承担起培养具有现代意识、自主精神、身心健康、全面发展的人的重任。全面提高人的素质，使学生的个性和创造力得到全面发展，是学校教育追求的永恒目标。

不断努力营造开放、民主、和谐的教育教学环境，是实现培养现代的人、自主的人、健康的人的前提；培养现代的人、自主的人、健康的人，是不断努力营造开放、民主、和谐的育人环境的目的。

开放的教育，主要指教育者要有面向现代化、面向世界、面向未来的意识，要有海纳百川、有容乃大的开阔胸怀，学校教育教学活动向社会开放，向世界开放，在开放中接受社会的监督，在开放中调整办学思路，改进教育方式，在开放中汲取先进的办学思想。只有这样，学校才能不断发展。民主的教育，核心内容是教育者要把学生看做朋友，视学生为教育活动的主体，用乐观、平等的态度和发展的眼光，看待学生的天性，善意地评估学生的行为表现和天性，对学生充满信心。和谐的教育，是指学校内部各要素之间的关系，学校与外部环境之间的关系，要处于一种协调、平衡、有序的状态，使学生获得全面和谐的发展。

培养具有现代意识、自主精神、身心健康的人，是时代对教育的要求，也是国家对教育的期望。

办学目标：彰显示范、突出特色、服务一方。

办学思想：落实高中办学多元目标，成功实现高考中的突围。

校训：勤、俭、敬、信。

【释义】

1928年建校初，由马福祥先生题写校训。自建校以来，兰州西北中学秉承了勤、俭、敬、信的校训。

勤：尽力做，认真。《尚书》云："惟日孜孜，不敢逸豫。""业精于勤"，勤为成功之基，于师为勤业，唯勤业可博学求知，探索真理，教书育人；于生为勤学，唯勤学可涵育道德，丰富学识，培养能力。

俭：约束，不放纵，节省俭约，心底质朴。语出《易·否》，"君子以俭德辟难"。《左传·庄公二十四年》云："俭，德之共也；侈，恶之大也。"唯养成俭朴之德性，方可防止奢靡腐化，防患于未然。

敬：戒慎，敬肃。不怠慢，不苟且，尊重客观。语出《诗·周颂》"夙夜敬止"。为师须敬道敬业，为生须敬师敬学。唯敬，方能形成科学严谨的治学态度，探求客观规律；唯敬，方能孜孜不倦求学，认认真真做人。

信：诚实，言语真实，不昧不欺，恪守信用。诚实守信为交际之道，立身之本。失信则难以立足于社会天地之间。

校训涵盖了为学之道及育人的道德标准。其在今天的含义为：德育为首，德才并举。继承和发扬中华民族传统美德，提倡勤俭的工作、学习态度和生活作风，养成诚实守信的个人品格，勤业敬业，进而形成科学严谨的治学态度、孜孜不倦的求学精神，去追求真理，追求知识，以实现培养有理想、有道德、有文化、有纪律的合格公民的教育目标。

校风：勤奋、俭朴、敬业、诚信。

学风：勤奋、乐学。

教风：敬业、善激。

兰州市西北中学"绿色生态文化"建设案例

在教育领域中，"文化"一词已成为近年来最热的词语之一，文化建设已成为许多学校管理与发展的积极诉求。学校文化决定着学校战略及相应的制度策略的制定和策划，决定着教育质量提高和学校发展的速度，检验着这种提高与发展的品质，决定着校内各种资源的开发与整合，协调着学校与外部生态的互动，塑造着学校的社会形象，因而学校文化建设理应成为学校战略发展的重中之重。

一、学校文化建设必须针对学校发展的现实问题，在有针对性地解决现实问题的过程中，形成全校师生的文化认同

2009 年学校新班子成立，首先面临的是省级示范性高中的复验工作。大部分人过去一段时间对学校的基本感觉和判断是不够和谐，人文生态环境不够好，针对学校特殊发展时期所存在的问题，分析学校教职工的整体愿景和精神面貌，西北中学将学校的文化建设定位为"绿色生态文化"。"绿色"象征着希望和愿景，象征着蓬勃发展的未来，象征着和谐生长的生态。学校在那样一个特殊时期，提出这种文化理念，旨在通过实实在在的具体工作，点点滴滴地营造和谐的人文生态。

为了使绿色生态文化的理念深入人心，就办学理念、办学目标和"三风"建设等问题，学校印发了 500 多份问卷调查表，分别召开学生、教师、家长座谈会，广泛征求意见和建议，最终修订形成了《兰州西北中学绿色生态文化手册》。改造校园生态景观，修建教学楼门庭文化墙；悬挂走廊名人字画、师生格言；装修开放式网吧、开架式书吧，为师生创设上网、读书、休闲、谈心、交流的园地；开展丰富多彩的校园文化活动，如教师团队的"拓展训练"，学生社团活动和各种校内外的比赛活动；编辑出版校园报刊，《绿意》报及时报道学校新人新事，《西风》杂志成为师生施展文学和学术才华的文化舞台。通过一系列的文化建设举措，广大师生对"绿色生态文化"有了广泛的认同，各项工作均取得了可喜的成绩，办学呈现新的气象。

二、学校文化建设必须根植学校优秀历史文化的土壤，在丰厚的精神遗产中，汲取营养并结合时代精神提炼学校文化

1928 年，白崇禧、马福祥、孙绳武等一批热心国民教育的开明人士在北京牛街建立了北平清真中学，孙绳武任第一任校长，这便是西北中学的前身。

1937 年抗日战争全面爆发，国难当头，学校流亡至兰州、成

都等地，兰州西北中学建校于小西湖，在艰难困苦的岁月里，教育工作者们筚路蓝缕，默默耕耘，践行着救亡图存、教书育人的使命。

1949年新中国成立后，西北中学获得了新生，教育专家马汝邻任校长。1976年，市教育局统一排序命名学校为"兰州第二十八中学"，被确定为市重点中学。从新中国成立初期至20世纪末的发展历程中，名师应时而出，驰骋杏坛，许多著述印行省内外，供不应求。高考成绩斐然，曾名列全省第四，英语单科成绩居全省第一，创造了建校史上的辉煌。20世纪90年代初学校恢复兰州西北中学校名，2004年跻身省级示范性高中行列。

几度风雨，几度春秋。在80余年的历史长河中，兰州西北中学恪守"勤俭敬信"的校训，敦行砺节，孜孜以求，八方学子，慕名而趋，为甘肃的社会经济发展、为祖国建设事业培养了一批批优秀人才，著名冰川学家秦大河，著名医学家秦大山、杜修海、王恒大，著名文学评论家雷达，诗人汪玉良，作家张锐以及原甘肃省副省长陈琦玲和甘肃省政协副主席杜颖等是他们中的优秀代表。

学校先后被评为"全国德育先进学校"、"兰州市精神文明建设先进单位"、"甘肃省五一劳动奖"。

这就是学校文化的深厚根基，解放前的"救亡图存"精神，解放后的"积极进取"士气，正是我们学校"绿色生态文化"建设的肥沃土壤，也是学校鼓舞士气，振作精神的文化底气。

三、学校文化建设必须打造鲜明的文化标识系统，并在文化精神物化呈现的过程中，彰显自己的精神气质和文化个性

学校在针对学校现实和传承学校历史的基础上，对学校文化构建进行了文化标识系统的设计和打造。

为了使学校绿色生态文化标识系统更加明晰和深入人心，学校特意编辑了《兰州西北中学绿色生态文化建设手册》。由"历史文化及现状""绿色生态文化理念""绿色生态文化理念标识系统""绿色生态文化行为标识系统""绿色生态文化视觉标识系统"等部分组成，比较系统地阐释和较鲜明地呈现了学校绿色生态文化的精神气质和文化个性。

同时，围绕"绿色生态文化"对学校的环境进行了精心的布置：将学校的办学理念悬挂在教学主楼的正面；制作了文化建设的巨幅主题宣传画；扩大了学校宣传栏；将学校正面比较陈旧的浮雕墙装饰成巨幅宣传画，每学期围绕国家的核心宣传内容进行设计，对学生进行主流价值观和国家意识的教育；建设学校网站，及时展现师生活动，建立学校留言板，随时征求师生意见，改进学校工作，及时化解矛盾，使沟通交流更加快捷，为建设绿色生态和谐校园发挥不可替代的作用。

四、学校文化建设必须以一系列的工作机制为支撑，在机制健康有序的运行过程中，逐渐形成自己卓越的文化品牌

（一）通过"四项工程"和"三个行动"支撑学校文化建设。先后实施"校园民生工程""师资提升工程""教学绩效工程"和"文化建设工程"；启动了"教师专业发展阅读行动""集体备课行动""学生自我发展行动"。

1. 构建施展平台，以队伍建设为主题，实施师资提升工程。制定了《兰州西北中学教师专业发展计划》。根据计划组织了三百余人次教师参加了各类培训。先后聆听了魏书生、崔其升、任小艾等教育名家的讲座。特别是进入高中新课改以来，学校先后选派两个年级组的教师分别前往华东师大和华南师大参加新课程新教法培训。拿出经费几十万元，先后选派了 200 多人次的教师到北京、上海、山东、广东等地参加全国性的学术交流和学习考察；选派年轻教师到大学进行单科进修；资助 5 位青年教师参加教育硕士的研读。开展教科研活动，组织教师从集体研读课程标准和教材、分析学情、制订学科教学计划、分解备课任务入手，将教科研落实到日常的教学中去。通过互助性教科研提高全体教师理解教材、驾驭课堂的能力。学校已形成教师"发展有空间、干事有舞台"的良好氛围。

2. 深化教学改革，以提高质量为主题，实施教学绩效工程。每年认真组织学习"全市高中教学绩效经验交流会"和"全市教育质量工作会议"精神。学校成立"兰州西北中学高考教学绩效领导小组"。采用包干班级、"认养"学生的办法，将高三 12 个教学班分配给领导小组成员。他们深入教学第一线，分析学情，帮助班主任和任课老师抓高考"双线临界"的学生，确定每位同学的高考目标，及时进行有针对性的帮扶，使每位同学找到自己的高考分数增长点。2008 年以来每年升学率均有可喜的提高。

3. 鼓励终身学习，以校本培训为主题，启动教师专业发展阅读行动。建设学校文化首先应该从教师的阅读行动开始。制订了学校阅读行动方案。印发阅读分享材料，材料由教职工自己推荐，定期开展集体阅读活动，同时，要求教职工撰写心得。学校图书馆购置教育类和课改类图书 600 余册，校长亲自推荐相关书目。教师专业发展阅读行动，使教职工形成积极进取、努力学习的氛围，为提高教职工理论业务水平和构建一支师德高尚、专业扎实、素质优良的学习型教师队伍奠定了基础。

4. 提高德育实效，以突显德育亮点为主题，启动学生"自我发展行动"。作为学校文化建设的重要内容，学校在学生中启动了以"自我设计规划、自我诊断反思、自我完善践行"为核心的"自我发展行动"。学校成立了学生自主管理委员会，通过"自我发展行动"计划的实施，培养学生主体意识和责任意识。组织开展丰富多彩的有益于学生自我成长的活动，其中学校与共青团兰州市委、兰州市人民检察院、兰州市未成年人保护委员会等单位联合建立的"兰州市青少年思想教育基地"，教育内容主要由学生搜集由学生讲解，成为学生自我教育的基地。

（二）通过打造"绿色生态高效课堂"，支撑学校文化建设。创建"绿色生态高效课堂"，使学校文化建设落实到课程文化层面上。以高中新课改理念为依据，落实学校绿色生态文化建设；以回归教育本原，追求教育绿色生态为目标；在中英、中欧甘肃基础教育项目推广的参与式教学模式的基础上，深入研究归纳总结和践行参与式教学；在学习我国新课改先进经验的基础上，消化吸收山东杜郎口"高效课堂"、广东郭思乐的"生本教育"、洋思中学的"先学后教"、浙江的"东庐模式"等实验成果；全面实施新课改所倡导的"自主、合作、探究"教学方法。

之所以将创建目标定位为"绿色生态高效课堂"，是因为在应试教育的生态下，课堂教学与学习绩效往往是以加班加点、拼时间拼体力、消解学生个性为代价的。学校积极追求的"绿色生态高效课堂"，强调的是"高效率、低能耗"，符合课堂教学和学生个性成长规律的"绿色生态高效课堂"。

在学校开展"绿色生态文化"建设的基础上，学校将这种文化理念引入课堂教学中，这里的"绿色生态"是指生命鲜活灵动的人的课堂，学校将其衍化为一种课程文化，一种生态化的课程文化，一种遵循人的自然成长发展规律的课程文化，一种充满生命活力和个性张扬的课程文化，一种和谐共生可持续发展的课程文化。

学校制订了《绿色生态高效课堂实验方案》，在组织外出学习观摩的基础上，确定实验的教师。为使实验能够稳步有效推进，学校建立了跟踪指导评价改进机制，定期召开实验交流会。利用网络资源编写《导学案》，多次进行课堂教学实验观摩和评价指导。帮助任课教师协调班主任建立学习小组，建立小组积分评价机制，对学生的课堂表现给予及时的鼓励性评价。所有教室安装三面黑板，提供学生讨论和展示的平台。在每个教室的醒目位置上张贴"每课时讲课力求不超过 30 分钟，留出 10 分钟让学生思考、讨论、拓展、巩固"等八条内容的课堂教学行为"温馨提示"。

目前，此项工作通过名师工作室的形式进行培训和推广，为此专门编辑了《绿色生态高效课堂建设手册》。随着《兰州市中长期教育改革和发展规划纲要》的实施和我校《"十二五"学校发展规划(2011—2015)》的制定，我们将以"八大行动计划"(校园硬件建设行动计划、团队精神打造行动计划，教师专业发展行动计划、教育教学改进行动计划、高考升学绩效行动计划、学生自我发展行动计划、教育科研强校行动计划、绿色生态文化行动计划)作为学校文化建设的长效支撑机制，进一步深化学校文化建设，努力形成自己卓越的文化品牌。

通讯地址：兰州市七里河区建工西街 68 号
邮编：730050
联系电话：0931—2668585

九、兰州市外国语高级中学办学理念

办学理念：突出外语办学特色，全面提高教学质量。学好母语，彰显祖国灿烂文化；学好外语，自信豪迈走向世界。

办学目标：进一步优化办学条件；进一步优化育人环境；进一步优化教师队伍；进一步完善学校管理制度；进一步提高教育教学质量。

办学方向：突出外语办学特色，全面提高教学质量。学好母语，彰显祖国灿烂文化；学好外语，自信豪迈走向世界。

培养目标：德智双全、身心两健、博学善思、勇于创新、勤勉做事、诚信做人。

办学思想：以邓小平理论、"三个代表"重要思想和科学发展观为指导，全面贯彻党的教育方针，积极推进素质教育，深化教育教学改革，稳步提升教育质量，努力形成办学特色。坚持"以人为本，和谐发展"的理念，按照"抓住机遇，抓好课改，做好常规，在稳定中提高，在继承中发展"的思路，将"有效课堂""智慧课堂"的理念引入到学校的每一节课堂和每一个教育教学活动，深化课堂教学改革，促进教师的专业发展。坚持"以学生发展为本"的理念，按照"文理并重、课程多样、外语优势"的特色办学思路，优化教育活动与教育环境，提供个性化、多样化的课程选择，促进学生的发展。坚持以学校发展为主题，以高中课改为主线，以深化内部管理体制改革和教育科研为动力，以全面提高教育质量为根本出发点，努力将我校建设成办学条件优良、育人环境优美、教师队伍优秀、办学特色鲜明、教育质量优异的省级示范性高中。

治校方略：依法治校、以德治校、科研兴校、质量立校。

管理理念：爱——以德治校，仁者爱人，以人为本，人文关怀；严——严谨治学，严格管理，严而不僵，活而不乱；细——春风化雨，润物无声，视若亲子，无微不至。

校训：明德、博学。

【释义】

办好一所人民满意的学校，既需要正确的思想作指导，又需要先进的理念来支撑。在继承优良办学传统和深厚校园文化积淀的基础上，我校提出了明确的办学理念。针对我校校情与办学特色，我校确定了"明德、博学"的校训。

明德：出自《大学》，原文为"大学之道，在明明德，在亲民，在止于至善"，表达了追求知识和真理并彰显德行的愿望。

博学：出自《论语》，原文为"博学于文，约之以礼"，是中国传统文化中的重要组成部分，也是中国教育史上最重要的教育评价准则之一。"明德、博学"这一校训，具有厚重的传统文化内涵。而作为一所外国语特色学校，我校管理者又赋予了新的时代特征，即培养品德高尚的饱学之士。这一校训贯穿了德育和智育的主线，不仅恰当地表述了学校的培养目的，也体现了新时期教育改革中德育与智育相结合这一基本原则。围绕这一校训，我校提出以"爱国、诚信、守纪"为校风；以"严谨、求实、创新"为教风；以"乐学、善思、好问"为学风。

围绕如何落实校训，早日将我校建成高质量、有特色、现代化，在省内有较大影响的，积极参与国际文化交流的示范性高中这一目标，我校制订了《三年发展规划》和《五年发展规划》，确立"突出外语办学特色、全面提高教学质量"的办学思路；并提出在继承四十多年办学传统的基础上，实现"老校新址、继往开来、与时俱进、再创辉煌"的目标。为将办学理念和规划落到实处，学校确立了"严格管理、严谨治学、求真务实、开拓创新"的工作态度；"依法治校、以德治校、科研兴校、质量立校"的治校方略。为了完成办学理念向教育实践的转化，学校通过召开不同层次和不同形式的座谈会、解读会、家校讨论会，组织全校师生开展以办学思想和办学理念为主题的学习、讨论活动；邀请省市教育专家进行专题调研指导；广泛征求家长及社会各界的意见建议。通过这一系列活动，使学校管理者、教师、社会对学校五年规划达成共识，即以教学改革为主线，以深化内部管理体制改革和教育科研为动力，以全面提高教育质量为根本出发点，努力使学校实现"五优"：办学条件优良，育人环境优美，教师队伍优秀，管理手段优化，教育质量优异。学校立足于寄宿制管理实际，努力将我校学生培养成为"德智双全，身心两健，博学善思，勇于创新，勤勉做事，诚信做人"的合格中学生。

校风：爱国、诚信、守纪。

工作态度：严格管理、严谨治学、求真务实、开拓创新。

师德规范：以高尚的师德感染学生，以扎实的课程发展学生，以严格的管理规范学生，以现代的观念武装学生。

教风：严谨、求实、创新。

学风：乐学、善思、好问。

校歌：《为了明天的梦》。

通讯地址：兰州市城关区雁南路 1588 号

邮编：730010

联系电话：0931—8510750

网址：http：//lflss. gs. edu. cn

电子邮箱：wj_lp@sina. com

十、兰州市第五十九中学
（原兰州炼油厂第二中学）办学理念

办学理念：以人为本、和谐发展、追求卓越。

【释义】

以人为本：即一切立足于人，为人着想，为人服务，让教育者、受教育者和所有相关者都心中有根，眼中见果，知足并感到幸福。作为兰州市第五十九中学办学的前提和价值取向，教育教学中的"以人为本"就是要始终把关注人、研究人、服务人、激励人、发展人、弘扬人放在首位，在具体工作中坚持以教师为本、以学生为本、以家长为本的"三本主义"。

1. 品牌学校需要品牌教师，优质教育需要优秀教师。"以教师为本"就是要让校园和教学不单是教师工作的职所和谋生的手段，更要让学校和教育成为全体教职员工施展才华的舞台和自我发展、自我实现的途径，要尊重教师、服务教师，促进教师身心健康，保障教师安居乐业，让教师享有充分的荣誉感，使教师获得最大的成就感。

2. 教育的对象是学生，当然要以学生为本，要着眼于每个学生的终身发展，着眼于兰州市第五十九中学"德智双全，身心两健，文理兼通，学创俱能"的育人目标，一切为了学生，为了一切学生，为了学生一切，与时俱进，不断调动、改革、整合一切有效教育资源，促进全校学生全面和谐发展。

3. 以家长为本，就是急家长之所急，思家长之所思，为家长服务，为家长解难。

和谐发展：就是稳健、协调、可持续发展，让全校师生均有强烈的归属感、温暖的舒适感，让家长和社会各界对学校办学满意、放心，有十分的喜悦感。具体而言，就是要建立和谐的师生关系，学生珍惜老师的付出，尊重老师的劳动，师生互敬互爱，从而打造和谐的学习氛围；要建立和谐的同学关系，同学之间友好相处、宽容待人，用一颗真诚的心去换另一颗真诚的心，从而打造和谐的人际关系；要打造和谐的教育氛围，倡导一种蓬勃向上的团队作风，一种脚踏实地的学习精神，从而唤醒每一个老师尤其是学生的"潜能"，进而激发其"才能"；要营造公平的校园秩序与管理、求真的校园文化与文明、和谐的校园环境与氛围，使学校最终成为全体师生生活的家园、精神的乐园、成才的摇篮。

追求卓越：就是精益求精，追求教育教学至真、至善、至美的最高境界。学海无涯，大美无极，进取不息，对兰州市第五十九中学这一集体而言，"追求卓越"让我们充满信心，有永远又明确的方向感和使命感，立志永远不夜郎自大，故步自封，将时时紧跟时代前进步伐，紧扣社会发展脉搏，把握现代教育规律，不断更新自我，在创新中永葆活力和生机。对兰州市第五十九中学每位师生个体而言，"追求卓越"意味着高扬生命旗帜，充满自信，勤奋忘我，拼搏进取，追求智慧之博大，精神之富有，品德之高尚，让人生在不断进击、不断攀登中享受开拓创新、领先超群的快乐，用辛勤的汗水焕发生命的光彩，以卓越的智慧折射人生璀璨的光芒。

办学目标：办一流品牌学校、育一流创新人才。

办学思路：依法治校、以德兴校、质量立校、科研强校。

校训：养善厚德、敬事务本。

【释义】

养善厚德：突出的是德育。养善，就是养护善心，养成善性，养育善行。厚德，就是推崇道德，重视品质，修养德性。学校不仅要教给学生知识、技能，更重要的是培养和引导学生完善与自我完善人格品质。所以，古今教育，都分外注重善性培养、品质教育。"四书"之一的《大学》开篇就说："大学之道，在明明德，在亲民，在止于至善。"以德和善为全文纲领，也为天下读书人树立了求学的最大目标。《荀子·劝学》说："积善成德，而神明自得，圣心备焉。"也将积小善为大德看做是通圣境的法门。今人常言：学习不好是次品，身体不好是废品，品德不好是危险品。总之，全面的育人永远重于单纯的教书。儒家认为："气有浩然，学无止境。"与生俱来的善心善性常因人欲而蔽，需时时养护学习，发扬光大。所以，在学生人生观、价值观、世界观形成的关键阶段，作为一所中学，始终坚持德育工作，面向学生，以人为本，以真善美为基础，养善性，扬善行，结善果，永远符合社会和人类发展的需要。养善而厚德，厚德以载物，自然也就成为我校校训的一大内容。

敬事务本：强调的是教风和学风，即做事治学的原则、态度、方法等。《论语》有言："君子务本，本立而道生。""道千乘之国，敬事而信，节用而爱人，使民以时。"原义说的是立身之法、治国之法。认为君子凡事应用力于仁道之本孝悌，敬信当头，以身先之，勤勤恳恳，专心致志。我们以此为训，原因有三：一是沿用《论语》本义，以承启道德修养之根本，明确为人处世之原则；二是推广我校数十年高严细实的作风，提炼并发扬五十九中人一贯老老实实做人、踏踏实实做事的传统风格；三是强调紧抓教学质量这一根本不放松，以德兴校，科研立校，质量强校。

校风：文明、勤奋、求实、创新。

教风：为人师表、严谨治学、热爱学生、教书育人。

学风：勤奋、多思、刻苦、善学。

通讯地址：兰州市西固区福利东路 485 号

邮编：730060

电话：0931—7937202

电子邮箱：xinfen_2006@126.com

十一、民乐县第一中学办学理念

办学理念：给每个学生以希望，让每一个个体都发展。

【释义】

首先，体现了以人为本的科学发展观。学校教育的首要目标是育人，人是教育的核心和精髓，是起点，也是终点。所以，我们把每一个学生都当做可塑之才，尊重、信任学生，发挥学生主体作用，为学生成长和发展搭建广阔的舞台，给他们以希望。同时提升学生的主体地位，转变教学方式和学习方式，加强学生自我教育、自我管理的能力，在坚持入学机会均等的前提下，尽可能使每个学生获得均等的成功、成才机会。充分发挥自己的优势，开发、挖掘自己的潜能，从而一步一个台阶地前进。

教师的发展是学生发展的重要前提，没有教师的可持续发展就没有学生的可持续发展。实现了教师、学生的可持续发展，实质上就实现了学校的可持续发展。因此，学校要牢固树立以教师为本、以学生为本的思想。

其次，体现了新课程改革的理念。新课程的核心理念就是"一切为了每一位学生的发展"。因此，我们必须关注每一位学生，促进学生健康成长，为学生成才奠基；关注每一个个体，承认个体差异性，善于发现个性，研究个性，为个体的发展和个性的张扬提供充分自由的空间。一句话，创造和谐环境，培养和谐发展的学生，造就和谐发展的教师，建设和谐发展的学校。

最后，体现了我校的特色。我校始建于 1944 年，1997 年过渡为以升学预备教育为主要目标的高级中学。自建校以来，历经六十多年风雨的陶泽洗礼，积累了丰富的办学经验，积淀了丰厚的文化底蕴，形成了有利于师生迅速成长的人际环境和氛围。这样的环境和氛围，为每个人的成长和发展创造有利的条件，让每一个学生都有希望，都能找到自己的发展空间，使每一个个体都能得到发展，实现自己的价值。

办学目标：建成教学设施完备、师资结构优化、管理水平领先、教学质量一流、学生全面发展、办学效益显著的甘肃省示范性名校。

办学思想：以教育方针为准绳，以队伍建设为根本，以德育为先导，以教育创新为依托，全面推进素质教育，把学校建成高水平、高效益、有特色的示范性高级中学。

校训：忠诚、爱国、健康、文明。

【释义】

忠诚：忠诚来自于自身对大义的追求，做到善于人，真于心。忠诚代表了对于事业的追求，对自身素质的要求，对职责恪守的标准。在追求诚信的时代背景下，忠诚已经成为一种多元化的立场，而不仅仅是一种道德操守的表征符号。

爱国：列宁指出："爱国主义就是千百年来巩固起来的对自己祖国的一种最深厚的感情。"旨在培养学生强烈的民族自尊心和自信心，使其具有维护祖国尊严和人民利益的高度责任感。

健康：世界卫生组织1946年在其宪章中将健康定义为："健康乃是一种在身体上、心理上和社会适应方面的完好状态，而不仅仅是没有疾病和虚弱的状态。"

文明：最初见于《易·乾·文言》中"天下文明"。唐人孔颖达疏："有文章而光明也。"表明了文明总与光明文雅相联系的观点，文雅是指超越野蛮、落后，进入斯文与质朴的状态。光明是指走出愚昧、黑暗进入开化与昌明的境界。因此，文明包含两层含义：一是指文明形式总是进步的；二是指文明的本质总是与时俱进的。

我校校训的整体含义是：发扬忠诚、爱国的优良传统；拥有健康的体魄、健康的心理、健全的人格和较强的社会适应能力；

造就文明个体，为社会的文明进步贡献力量。

校风：勤奋、严谨、求实、创新。

教风：为人师表、敬业乐群、博学多才、务实求真。

学风：尊师守纪、刻苦学习、全面发展、立志成才。

通讯地址：甘肃省民乐县北大街 15 号

邮编：734500

联系电话：0936—4421404

电子邮箱：mlyzbgs@163.com

十二、张掖市第二中学办学理念

办学理念：让每一个学生都成材，让教师发展学校。

办学目标：努力提高学生的思想素质、知识素质、智能素质、身体素质、心理素质、劳动素质。为高一级学校输送大量的合格和优秀人才。努力培养专家型校长、智慧型师资，科研型管理人才。

校训：敬业、笃行、务实、创新。

【释义】

为继承和发扬我校的光荣传统，激励全校学生不断焕发精神、刻苦学习、开拓创新、奋发进取，在广泛征求意见的基础上，经 2006 年教代会审议通过，确定校训为：敬业、笃行、务实、创新。

敬业：即专心致志，以事其业。用一种严肃的态度对待自己的工作，勤勤恳恳、兢兢业业，一心一意教书育人，服务群众，尽心尽责，在踏踏实实的工作中找到一种幸福感和荣誉感。

笃行：即要努力践履所学，使所学最终有所落实，做到"知行合一"。只有有明确的目标、坚定的意志的人，才能真正做到"笃行"。

务实：即实事求是，探索规律，追求真理的科学精神。

创新：意为开拓、创新，不断进取。

校风：文明、和谐、严谨、勤奋。

教风：严（严谨、严明、严格），精（精湛、精确、精彩），活（活教、活导、活用），创（创业、创新、创立）。

教工座右铭：爱——是教育的基础。

学风：勤思、探究、坚韧、创新。

通讯地址：张掖市青年东街 89 号

邮编：734000

联系电话：0936－8271999

网址：http：//www.zyez.com

电子邮箱：yzhk2004@163.com

十三、张掖市中学办学理念

办学理念：一切为了学生的主动发展。

【释义】

一切为了学生的主动发展：教育工作的着眼点在于以人为本，具体到学校，就是以学生为本、以教师为本。张掖市中学坚持一切为了学生的主动发展，要求教师在教学活动中调动学生内在的积极性，营造以学生为中心的全员、全方位、全过程育人环境，努力把学生培养成对祖国、对社会有用的人才。同时表明学校具有一种把每个学生都培养成有用之才的责任感与使命感，为每一个从张掖市中学走出去的学生奠基成功之路，让每一个学生成为有用之才，使每个学生在将来的人生道路上享受人生、事业成功的喜悦。

办学思想：以科学管理为抓手，以教育科研为先导，以教育教学为核心，以学生发展为根本，以特色品牌为目标。

办学目标：全省一流、质量上乘、管理科学、特色鲜明的现代化品牌学校。

校训：诚、勤、博、雅。

【释义】

诚：即"诚信"，这是为人立身之本，人无信不立；是一种美德，是做人的基本道德准则。只有言行一致，表里如一，忠实于自己和所承担的使命，才能赢得他人的信任。希望全校师生都能够做到：诚信地对待国家和人民的利益；诚信地对待自己所担负的工作；诚信地对待自己，做一个光明磊落、认认真真、踏踏实实、有责任心的人，对事业忠诚，为人诚信，待人真诚。

勤：即勤动手、勤动脑。古人云："坐而言，不如起而行。"勤就是实干，就是起而行。意在勉励师生勤奋学习，严谨治学。

中华五千年的文化，就是五千年的教育史，历代教育者都提倡以"勤"治学。"勤能补拙是良训""书山有路勤为径，学海无涯苦作舟"就是古人对"勤"的传神写照。

博：《荀子·修身》："多闻曰博。"对学生训之以"博"，即要求学生必须"博学之，审问之"，"博贯六艺，不舍昼夜"。学校的办学应该是培养有远大理想、广博胸襟、渊博学识而又能够有所作为，能够用自己的博学去为社会为国家有所创造创新、有所贡献的人。

雅：指文雅、儒雅、高雅。即才望高雅，富有才学，享有声望，举止娴雅，不同流俗。叶圣陶先生说："温文尔雅，正是学者的态度。"学校着眼于学生的主动发展，希望每一个学生都能成为有高雅气质的人，谈吐文雅，举止优雅，情趣高雅。

校风：厚德、博学、进取、求真。

教风：敬业、爱生、严谨、创新。

学风：砺志、勤学、善思、笃行。

通讯地址：甘肃省张掖市南环路 610 号

邮编：734000

联系电话：0936—8215661

电子邮箱：zhangzhongbgs2005@163.com

十四、高台县第一中学办学理念

办学理念：以人为本、注重发展。

【释义】

我校秉承"以人为本，注重发展"的办学理念。这一理念领先时代，符合教育规律。以人为本就是理解人、关心人、尊重人、发展人，学校管理以教师为本，校长要依靠教师办学，教师要以学生为本，学校教育以学生为本。人本理念体现在教育中，师生之间最根本的关系就是民主、平等、对话的关系。学校教育要服务于人的终身全面发展，既要贯穿人的发展的一生，又要覆盖人的发展的全部。学生发展是学校发展的目的，教师的发展是促进学生发展的关键，师生的共同发展是实现学校发展的载体。我校的办学理念已贯彻和渗透于教育、教学、学校管理、学生发展和教师成长评价等学校全面工作和一切办学活动中，办学理念已得到学校管理者、师生、家长与社区的普遍赞同。而且"以人为本，注重发展"的办学理念已上升为学校集体的意志，成为学校的一种文化氛围和价值取向，也已成为学校发展的精神支柱和理性目标的导航。

办学目标：高合格率、高升学率、高成才率、创办特色。

办学思想：向管理要质量、向科研要效益。

校训：明德、博学、践行、创新。

【释义】

明德：语出《礼记·大学》，"大学之道，在明明德。"此为三纲之本，意为大学之中最高的为学之道，在于使人们的美德得以彰显，使人处于内心清明的最高、最善的境界。意即学校办学要以德为先，要发扬人们天赋的善良美德，以达到才德完美的最高境界。"明德"反映了高台一中的传统，也反映出一中人的思想境界和追求。突出德育的首要地位，符合当今中国素质教育将德育界定为其核心的精神。

博学：出自《礼记·中庸》，"博学之、审问之、慎思之、明辨之、笃行之。"《论语》亦云："博学而笃志，切问而近思。""博"意味着博大和宽容。"博学"意谓为学者要广泛地猎取，培养充沛而旺盛的好奇心，广泛学习，文理兼容，博采众长，全面发展，丰富自我。同时，倡导教师广泛学习，专心致志探求教育规律，适应现代教学的要求，更好地传道、授业、解惑。

践行：语出《礼记·曲礼上》，"修身践言，为之善行。"意为实践、履行。意即崇尚实干，践行理想，行胜于言，也意为不仅要博学，还要做到理论联系实际，学以致用。重视实践能力的培养，是当今中国素质教育的重点之一。

创新：源自《礼记·大学》，"苟日新，日日新。"创，开始，开创。新，初生之物，与旧相对。创新就是首创新事物、新见解、新方法等，就是不墨守成规，不懈开拓。创新是一个民族进步的灵魂，也是一所学校发展的动力。作为普高，重点在于培养师生的创新精神，包括创新意识、创新兴趣、创新举措等。教育的发展要着眼于明天，着眼于未来，着眼于民族的发展。创新也是素质教育的重点之一。

校风：文明、严谨、求实、奋发。

教风：热爱学生、认真教学、诲人不倦、为人师表。

学风：富有理想、尊师守纪、勤学苦练、全面发展。

通讯地址：高台县城关镇人民东路 26 号

邮编：734300

联系电话：0936—6621728

邮箱：gtyzbgs@163.com

网址：www.gsgtyz.com

十五、临泽县第一中学办学理念

办学理念： 以人为本，让学生成才，让教师成功，让人民满意。

【释义】

我校办学理念首先确立了学生作为学校的教育对象在学校中的人本地位。表明学校的一切活动都是围绕"育人"这个根本，体现了以人为本的教育思想。强调学校要把关心学生、理解学生、尊重学生、激励学生与学生的全面发展结合起来，"以人为本"即倡导"尊重的教育"。其次，学校的一切工作要为学生的成长成才而展开，不仅要为学生的现在负责，还要为学生的将来负责。基础教育的基础性最根本的一个方面就是生存意识和生存能力的培养，为此，教师和学生都必须树立终身学习的思想；另一方面就是发展意识与发展能力的生成与培养，学校教育正是服务于人的终身全面发展，要贯穿人的发展的一生，又要覆盖人的发展的全部。"以人为本"理念诠释就是："教书育人，以学生为本；办学育人，以教师为本。"

办学目标： "三高"（教师队伍高素质、教学质量高水平、办学水平高层次）；"五化"（学校管理科学化、办学条件现代化、教育科研课堂化、后勤服务社会化、校园环境花园化），创建全省一流高中。

办学思想： 依法治校、科学管理、以德立校、和谐发展、科研兴教、质量第一。

校训： 为未来发展奠基。

【释义】

作为普通高级中学，肩负着为普通高等院校输送合格新生的重任，因此，高中阶段就成为每个学生人生重要的转折点，而高中教育的最终作用也就在于为学生未来发展打好基础；同时，作为普通高中本身和全体高中教师，在为学生未来发展奠基发挥应有作用的同时，也在进行着自我发展。从这个意义上讲，我校"为未来发展奠基"的校训就包含了三层含义：一是为学生的未来发展奠定良好基础；二是为教师自身专业化发展和职业成长奠定良好基础；三是为学校未来的可持续发展奠定坚实的基础。在科学发展观深入人心的今天，作为学校来讲，就是要真正为实现学生的可持续发展、教师的可持续发展和学校的可持续发展而不懈努力。

校风：学高身正、品学兼优。

教风：治学严谨、教有特色。

学风：勤学善思、刻苦顽强。

通讯地址：甘肃省临泽县沙河镇育才路 318 号

邮编：734200

联系电话：0936—5521190

邮箱：lzyzsxh@126.com

十六、嘉峪关市酒泉钢铁公司第三中学办学理念

办学理念：一切为了师生的发展。

【释义】

"一切为了师生的发展"，就是将师生共同成长和发展作为学校一切工作的出发点和归宿，把学校的科学发展落脚在师生的科学发展上，让学校成为每个学生和谐发展获得成功的理想场所，成为每个教师成就事业的理想之地。学生在德、行、知诸方面的提升将促使教师加快发展；教师人格、学品的提升，又会对学生产生积极的影响，二者形成良性发展的链，环环相扣，和谐共生，推动学校和师生个人的共同科学发展。

办学目标：不断深化改革，推进素质教育，提高办学水平，追求卓越品牌，努力把学校办成严谨和谐，特色鲜明，持续发展，课程门类齐全，设施装备一流，省内知名、全国有影响的国际化学校，培养全面发展的社会主义合格公民。

办学思想：以"三个面向""三个代表"为指针，坚持科学发展观，以德立校，以质兴校，走内涵式发展、开放式办学、国际化交流、现代化装备之路。

校训：敦品、励学、求是、创新。

【释义】

为了全面贯彻党的教育方针，坚持科学发展观，积极实施素质教育，深化学校教育改革，全面和谐促进学生、教师和学校可持续发展，特制定我校校训为：敦品、励学、求是、创新。

敦品：敦，督促、勉励。品，有关道德的行为，指人的行为作风上所表现的思想、认识、品行等的品质。敦品，要求学生忠诚于祖国，忠诚于人民，忠诚于中国共产党，忠诚于社会主义，养成良好的思想道德品质，能够辨明是非，抵御不良思想行为的

影响，以"诚"为准则，诚恳待人，尊敬师长，友爱同学。

励学：励，通"历""砺"，磨砺，振奋。如"励精图治"。《宋史·神宗纪赞》："励精图治，将大有为。"学，指学养，学问，学到知识。励学，要求学生刻苦努力，勤奋学习。"博学之，审问之，慎思之，明辨之，笃行之。"

求是：即为博学求知，努力探索规律，追求真理。如，"实事求是"。《汉书·合间献王刘德传》："修学好古，实事求是。"颜师古注："务得事实，每求真是也。"求是，要求学生要树立科学精神，尊重客观规律，崇尚科学，追求真理，坚持正义，笃学精进，以实事求是的态度治学治事，追求真善美，与时俱进。

创新：创，创始，首创。《汉书·叙传下》："礼仪是创。"颜师古注："创，创造之也。"创新，抛开旧的，创造新的，意谓拼搏奋进，开拓进取，创造新的事物。

概言之，我校校训的整体含义是：全校师生要继承发扬中华民族善德立身、勤奋修学的优良传统，树立崇高的理想和正确的价值观，具有科学求实的态度、扎实丰厚的文化功底、健康向善的道德情操，拥有承受挫折、解决问题、战胜困难的能力和适应时代需要的知识技能。勇于探索，追求真理，积极进取，开拓创新，成为有理想、有道德、有文化、有纪律的社会主义事业接班人。

校风：爱国守法、明礼诚信、勤奋自强、崇尚科学、敬业奉献、和谐发展。

教风：敬业、爱生、博学、善教。

学风：团结、守纪、勤学、善思。

通讯地址：嘉峪关市长城东路 2 号

邮编：735100

联系电话：0937－6283666　6717305　13909486285

电子邮箱：jygjgszsyh@vip.163.com

十七、嘉峪关市第一中学办学理念

办学理念：学生因为老师的存在而感到美好，学生因为学校的教育而对未来充满憧憬。

【释义】

《国家中长期教育改革和发展规划纲要》指出：教育是民族振兴、社会进步的基石，是提高国民素质、促进人的全面发展的根本途径，寄托着亿万家庭对美好生活的期盼。

学校要按照新课程的素质教育目标，面向现代化、面向世界、面向未来，适应全面建设小康社会、建设创新型国家的需要，坚持育人为本，以改革创新为动力，以促进公平为重点，以提高质量为核心，全面实施素质教育，推动教育事业在新的历史起点上科学发展。只有走出应试教育，才能使"学生因为老师的存在而感到美好，学生因为学校的教育而对未来充满憧憬。"

一是学生因为老师的存在而感到美好。作为教师，其存在价值就在于使学生感到美好。这是教育工作者的理想，也是学校的理想。"学生因为老师的存在而感到美好"，反映了新时期新型的师生关系：学校为学生服务，老师为学生服务。

二是学生因为学校的教育而对未来充满憧憬。要做到"学生因为学校的教育而对未来充满憧憬"，学校不仅要交给学生知识，还要把学生培养成有理想的身心健康的社会人，为他们的将来奠定坚实的基础。

高考固然重要，但不足以憧憬。要使学生对未来充满憧憬，不仅要把学生送进大学，还要使学生大学毕业后在社会上找到自己的一席之地，有自己的事业和前途，这才是值得憧憬的。而这一切，都有赖于中学阶段的教育——教书，育人。

教书，就是要在中学时代奠定学生的知识基础；育人，就是要培养学生完整的人格，具体就是健康的心理，求实创新的科学精神和更高、更快、更强的进取精神。这样学生就会对自己充满信心，对前途充满向往，对人生充满憧憬。我校通过三大特色教育（奥林匹克精神、心理健康教育及科学精神培养），培养学生完整的人格精神。学生带着这些精神进入大学、进入社会，才能有憧憬。

办学目标：一是造就德才兼备的教师；二是培养创新人才；三是形成成功的教育理念。

办学思想：更新教育理念，打造特色品牌。通过三大教育特色（奥林匹克精神、心理健康教育及科学精神培养），推行素质教育，探索发现和培养创新人才的途径，推进培养模式多样化，满足不同潜质学生的发展需要。

校训：诚信、勤奋、求实、进取。

【释义】

《国家中长期教育改革和发展规划纲要》指出：未来十年，我国教育改革发展的战略主题是"坚持以人为本、全面实施素质教育"。教育要坚持德育为先、能力为重、全面发展。因此，"诚信、勤奋、求实、进取"成为学生最基本的品质。

校风：文明、进取、友爱、竞争。

教风：博学、慎思、严谨、求实。

学风：勤学、好问、善思、力行。

通讯地址：嘉峪关市河口路 1 号

邮编：735100

联系电话：0937－6226492

十八、酒泉市第一中学办学理念

办学理念：为学生的终身学习和可持续发展奠基，学生、教师、学校共同成长。

【释义】

酒泉市第一中学作为省级示范性高级中学，其主要任务是完成基础教育的基本任务，为高等院校输送合格的新生。遵照国家的教育方针，响应国家新课程改革的思想，我们努力培养全面发展的中学毕业生。我们的教学，不光教给学生中学高中阶段的全部文化知识，还要让学生具备较高道德水准，具备基本的公民素质，养成良好学习和行为习惯，学会思考，喜欢探究，能够交流，喜欢合作，具备团队精神，身心和谐发展，个性健康，人格健全。我们认为，只有这样的高中毕业生，才会具备终身学习的能力，才具备可持续发展的潜力。同时，这个办学理念也与我校的校训相辅相成。

办学目标：健康学子，名师文化，古典园林，西部名校。

办学思想：创新办学理念，提高办学质量，突出办学特色，提升创新水平，建设和谐校园。

校训：格、致、正、诚。

【释义】

格：指"格物"，就是研讨学问，学习科学，探索真理和美的精神。酒泉市第一中学办学七十多年，历代酒中人以这些自我提高和修养的理念为安身立命的精神追求。这些传统归结到我国传统的教育思想上，就是《大学》所言的"格物"，符合国家教育方针中的德育和美育的要求。同时追求蔡元培先生等教育家所提出的"以美育代德育"的新思想。

致：指"致知"，可理解为求知，爱智慧，发展理性，学习科学，培育创造力，认识世界，认识自我，认识社会，认识人生。符合国家教育方针中的智育要求。酒泉市第一中学几十年来正是按这些思想来引导学生学习文化知识的。

正：指"正心"，意为立志高远，确立正确的价值观和人生观；富于爱心，有正确的人生态度，发展健康个性，形成健全人格；培育情操，滋育情感，学会感恩，善待周围的一切。酒泉中学向来重视学生的情操培养，注重发展学生的情商，注重在教给学生文化知识的同时，让他们拥有丰富的情感，具备敏锐的感受能力，能够掌握知识、探究未知，同时体验这一切，成为全面发展的人。

诚：指"诚意"，意为勤奋勤勉，笃实坚定，待人诚恳，学做真人；把自己认识到的科学精神、自己理解了的人生态度、自己思考过的人生观、价值观诚心实意落实到行动中。酒泉市第一中学作为传统老校，注重知行合一的教育思想，希望自己的学子能够把学到的知识化为一种诚心诚意对待世界的行为态度。

以上四个方面具有逻辑性，一环扣一环，既是渐进式的一个成人过程，也是可以互补地成长为合格公民和君子的人生发展目标。概念取自传统教育典籍，但在其中注入了学校办学传统的总结，也结合了学校的教育思想。概念取自《大学》。《大学》中有儒家培养君子人格的八条目：格物、致知、正心、诚意、修身、齐家、治国、平天下。《大学》曰："古之欲明明德于天下者，先治其国。欲治其国者，先齐其家。欲齐其家者，先修其身。欲修其身者，先正其心。欲正其心者，先诚其意。欲诚其意者，先致其知。致知在格物。格物而后知至。知至而后意诚。意诚而后心正。心正而后身修。身修而后家齐。家齐而后国治。国治而后天下平。自天子以至于庶人，壹是皆以修身为本。其本乱而末治者，否矣。其所厚者薄，而其所薄者厚，未之有也。"

校风：关怀、爱智、和谐、高效。

教风：勤读、仁爱、博学、专精、倾听、理解、引导、启迪。

学风：过程中把握结果，点滴里获得博大。

通讯地址：甘肃省酒泉市肃州区西大街 35 号

邮编：735000

联系电话：0937－2614856

电子邮箱：jqzxdn@126.com

普通高中教育的精气神

十九、敦煌市中学办学理念

办学理念：一切为了学生的发展。

【释义】

一切为了学生的发展，是新课程最核心的理念，已经成为学校教育中最有说服力的教育信条。同时，也是我校的办学理念。一切为了学生的发展，要求我们走进学生的心灵，尊重、包容学生，关注研究学生，实现心与心的对话，情与情的对接。

一切为了学生的发展，是人类社会发展到知识经济时代对教育功能的理性呼唤，是教育由社会功能向本体功能转变的历史必然。因为在新的社会历史背景下，人才需求由一元化向多元化发展，只有具备创新精神和实践能力的人，才能在激烈的社会竞争中与时俱进，抢占制高点，取得事业的成功。所以，教育的发展必然由"社会本位"转向"以人为本"的道路。

一切为了学生的发展，即是人的身心和谐发展。不仅重视身体的发展，更重要的是心理的发展。所谓心理的发展，一是认知因素的积极发展变化，如感觉、知觉、记忆、思维等；二是各种非认知因素的积极发展变化，其中包括情感、意志、兴趣、需要以及个性等的发展变化。其外在表现为学生知识的扩展、技能的提高、能力的增强、思想品德的不断成熟和个性品质的逐步形成。"发展"一词多用于心理、精神、性格方面的变化过程。从这一词可以解读到本次课程改革的价值取向，不仅仅注重基础知识和基本技能，更强调培养积极主动的学习态度和学习愿望及良好的学习习惯。

一切为了学生的发展，是对马克思关于人的全面发展学说的继承和发展。所谓"全面发展"就是每个学生的多元智能都获得尽可能多方面的、充分的、自由的发展。"尽可能多方面"六个字表明个人潜能发展的广度，"多方面"就是欲求广泛而全面，"尽可能"就是考虑到社会条件、自身实际和学生的差异等。教育就是激励、唤醒学生充分发挥个人的主观能动性，尽其所能达到多方面一定程度的发展。"充分的"是指个人潜能在各自的领域内得到最大限度的发展。这表明了个人潜能发展的深度和程度。"自由的"发展，一是指每个人的发展是不屈从于任何其他的活动和条件；二是个人的发展能为个人所驾驭，它既是充分发展的前提，又是必然结果。教师必须创设平等、民主、和谐的教育环境，多一些理解和宽容，少一些干扰和限制，才能使学生得到充分的发展。当然"充分自由的发展"主张本身也蕴涵着个性发展的伟大思想，因为充分自由的发展必然是依照个人的意愿和实际，在自己感兴趣有特长的方面获得突出的发展，这是全面贯彻党的教育方针的具体体现。

一切为了学生的发展，是社会主义民主政治制度完善和发展的必然要求。没有民主就没有人的自由发展，没有人的发展就只能是形式上的民主，必然缺乏实质意义上的民主内容。新课程中教师要致力于建立互尊互爱、平等民主、共同发展的新型师生关系，树立教育民主思想，提高法律意识，提升师德修养，公平地对待每一个学生，促进学生身心健康发展。

一切为了学生的发展，必须承认学生是发展的人。一，要明确人的身心发展是有规律的。认识规律、遵循规律是办好教育的前提；掌握学生身心发展理论，运用理论指导实践是搞好教学的关键。每一位教育工作者首先必须是终身学习者。新课程强调教师与课程一同成长，要求教师不但是学生身心发展规律的学习者，更应是研究者。二，要相信学生潜藏着巨大的发展潜能。多元智能理论认为：每个学生都同时拥有语言智力、数理智力、空间关系智力、节奏智力、运动智力、人际交往智力、自我反省智力、自然观察者智力和存在智力等九种智力，这使得教师能够也应该从多个角度来评价、观察和接纳学生。教育重在寻找和发现学生的闪光点，发现并发展学生的潜能。三，要明确学生是发展的人，应承认学生的不成熟性和发展的阶段性，教育就是要促进学生形成可持续发展的能力。因此，从某种意义上讲，学生的命运和未来都掌握在学校和教师手里，教师是学生幸福生活的缔造者。学生的人生能否幸福，需要教师去引导、激励、唤醒其追求幸福生活的愿望。而教师必须树立发展性评价观，不能用同一标准衡量具有多元智慧的学生。

一切为了学生的发展，必须承认学生是独特的人。每个学生不仅仅是学习者，更是教育生活的体验者和丰富者；而且因遗传素质、社会环境、家庭条件和生活经历不同，每个人在兴趣、爱好、动机、需要、品质、性格、智能和特长等方面各不相同、各有侧重，每个学生都是独特的，也是出色的，教育正是因为学生的独特性而更需要激情和创造力。独特性同时也意味着差异性。差异是一种财富，教育因此而异彩纷呈、多姿多彩。每个学生的发展方向各异，应使每个学生在原有基础上自由地、充分地、尽可能地发展。因此，教育必须改变单一的人才培养模式，重建"以人为本""以学生为本"的新的教育教学管理模式。

一切为了学生的发展，就要承认学生是具有独立意义的人。每个学生都有自己的躯体、感官、头脑、性格、意愿、知识和思想基础及行动规律，这些都是不以教师的意志为转移的客观现实。教师不能将自己的意志强加给学生，也包括知识。因此，教师只有想方设法了解学生的需要，创设学习情境，激发学生的学习动机，引导、组织学生自己读书，自己感受事物，自己观察、分析、思考，使学生自己明白事理，自己掌握事物发展变化的规律，从而实现真正意义上的发展。这就迫使我们必须转变教学方式，帮助每个学生形成个性化、多样性的学习方式，实现真正意义上的自主学习。

办学目标：用质量和特色铸造河西教育品牌。

办学思想："1151"办学思路。

坚持一个方针：就是要坚持党的教育方针，使教育者在德育、智育、体育、美育等方面都得到全面发展。

确立一种思想：就是要确立科学、民主、开放的办学思想，即理念领先，科研导向，形成特色，有自己全新的教育观、教学观、教师观、学生观、管理观、校长观。

敦煌中学所倡导的教育观是，不拿昨天的知识教今天的学生为明天服务。要教学生学会学习，学会生存，人格完善，成为可持续发展的人。教学观是：教学不仅传授知识，培养能力，而且要训练思维，激发兴趣，培养创造意识。管理观是：态度要精心，过程要精细，方法要科学，结果成精品。提供终身化教育，民主化教育，社会化教育，个性化教育。教师观是：教师要帮助学生学会学习，教师要善于调动学生的求知欲与培养学生的科学态度；教师应能促进学生积极参与课堂学习过程，教师应鼓励学生开展求异思维，具备批判意识；教师应是学生成长过程中的伴侣，教学相长，优势互补。学生观是：有个性，善思考，具有竞争观念、信息观念、时间观念、效率观念；具有适应环境的能力，具有情绪的自控能力，具有独立的生存能力。校长观是：校长就是学校教育工作的改革者，学校理论工作的倡导者，学校实际工作的履行者，学校竞争平台的搭建者，学校教育创新的引领者，学校社会沟通的攻关者。

抓好五个环节：一是抓领导班子建设环节。抓主导一个学校的领导班子对学校的办学方向和教育教学活动起着决策和主导作用，因此应抓好领导班子建设工作，形成一个能带领全校教职工创造性地开展工作的领导集体，求真务实，开拓创新，保证学校沿着正确的办学方向发展。二是抓好教师队伍建设环节。抓主力学校的一切教育教学目标都是靠教师去完成，建设一支高素质的教师队伍，是学校发展的保证。因此，应倡导一种精神，培养四种能力：倡导敬业、爱岗、爱生、奉献精神；培养管理教育学生的能力，灵活驾驭课堂的能力，实施教育科研的能力，运用现代化教学手段的能力。三是抓课堂教学环节，抓主阵地。构建以培养学生创新精神和实践能力的课堂教学体系，让学生听懂，理解，记牢，致用。四是抓学生管理环节，抓主体。构建家庭、社会、学校三结合主体化教育体系，落实全方位、全过程的育人要求，采用情感管理、法制管理、校纪管理等手段，并兼以宣传渗透心理的管理，以活动培养习惯的管理，以考评丈量人格的管理，来规范学生行为，提升学生心灵境界，促使学生人格趋向完美。五是抓办学条件环节、抓保障。学校应多方筹集资金，加大投入力度，创造良好的教学环境，为提高教育教学质量提供必需的教学设施和现代化教学手段。

实现一个办学目标：用质量和特色铸造河西教育品牌。

校训：自强不息、厚德载物。

【释义】

自强不息、厚德载物：均出自《周易》。"天行健，君子以自强不息。"（乾卦）"地势坤，君子以厚德载物。"（坤卦）意思是，天（即自然）的运动刚强劲健，相应于此，君子应刚毅坚卓，奋发图强；大地的气势厚实和顺，君子应增厚美德，容载万物。在中国历史文化的发展过程中，"自强不息、厚德载物"的精神不断获得丰富和发展，被赋予新的内容。作为一个高尚的人，在气节、操守、品德、治学等方面都应不屈不挠，战胜自我，永远向上，力争在事业与品行两个方面都达到最高境界。在做人做事方面应该顺应自然，胸怀博大，宽以待人，承担起宏伟的历史任务。"自强不息，厚德载物"精辟地概括了中国文化对人与自然、人与社会、人与人的关系的深刻认识与辩证的处理方法。中华民族历经几千年的考验和兴衰变化，一直能稳固地凝聚在一起，并保持一个伟大民族的生机与活力，是同这种深刻认识分不开的。事实上，"自强不息""厚德载物"已构成中华民族的民族精神与民族性格的重要表征。

敦煌有一种树叫胡杨，又名"胡桐"。胡杨是世界上最古老的一种杨树，六千多万年前就开始在地球上生存了。它和一般的杨树不同，能忍受荒漠中干旱、多变的恶劣气候，对盐碱有极强的耐力。在地下水含盐量很高的塔克拉玛干沙漠中，照样枝繁叶茂。在塔里木河流域，胡杨树被当地维吾尔族人称为"英雄树"。胡杨的生命力特别顽强，生一千年不死，死一千年不倒，倒一千年不朽。人们赞美它为"沙漠的脊梁"。胡杨之所以如此受人推崇，皆因为其顽强生命力中所透射出的自强不息精神。自然界的生物正因为自强不息，才能物竞天择，不被大自然所淘汰；作为万物之灵的人类，也正因为有了自强不息的精神，才能在历尽劫难中生生不息，繁衍至今，并拥有了今天灿烂的文明成果。所以古人说："天行健，君子以自强不息。"我国唐代高僧玄奘，不辞千辛万苦，不畏千难万险，跨越千山万水，风餐露宿，风尘仆仆十数载，最终打开了佛教文化交流之门。意大利著名航海家哥伦布，带领船员在茫茫的大西洋上勇往直前，最终发现了美洲新大陆，完成了人类历史上惊人的壮举。他每天都写日记，而且每篇日记的最后一句话都是："我们继续前进！"

英国前首相丘吉尔在总结他的成功经验时说，我成功的经验概括起来就是三条："第一是，决不放弃；第二是，决不、决不放弃；第三是，决不、决不、决不能放弃！"是的，人生就是这样，生于忧患，死于安乐；成于自强，败于自弃。美国总统林肯出身贫寒，年轻时曾做过水手、工人、邮递员，饱尝了生活的艰辛。一生中，林肯经历了8次竞选失败，两次经商失败，甚至还精神崩溃过一次。然而面对这些，林肯没有放弃，总是拼尽全力去挑战、去奋斗。林肯被人们称为"从零开始的奋斗者"，最终靠着自强不息，成为美国历史上最伟大的总统之一。

　　自强不息，厚德载物，是要人们效法天地，在学、行各方面不断去努力。传统文化强调"天人合一"，人源于天地，是天地的派生物，所以天地之道就是人生之道。敦中人要深刻体会这种精神并自觉加以践履。

校风：勤奋、求实、文明、守纪。

教风：以德立身、以身立教、关爱学生、求实进取。

学风：勤思力学、善悟笃行。

通讯地址：敦煌中学阳关中路 90 号

邮编：736200

联系电话：0937－8855455

电子邮箱：dhcx298@sohu.com　695565810@qq.com

二十、金塔县中学办学理念

办学理念：为成功的人生做准备。

【释义】

金塔县中学集六十多年的深厚积淀，既尊重历史，又面向未来，将办学理念凝析为"为成功的人生做准备"，可谓内涵丰富，通俗易记。"人生"是教育的内容，是教育的对象；"成功"是追求的目标，是行动的标准；"做准备"是实施的过程，是实践的策略。就整个人生的"成功"来说，基础教育始终都在"做准备"。就基础教育来说，"为成功的人生做准备"的含义大致可以这样表述，"成功"的学校，就是"成功"的教师，通过实施"成功"的教育，塑造出"成功"的学生。就学校教育的要素来说，"成功"的教师是基础，也是关键；"成功"的教育是过程，也是策略；"成功"的学生是目标，也是归宿。

时代为个人的发展提供了广阔的空间，使个人有更多的自由选择自己发展的道路，使个人有更多的自由改变自己的生存状态，而个人的发展也为社会的进步提供了条件与保证。教育不能不关注社会，也不能不关注人生，关注人生，必然期望成功的人生。当每个人都拥有了成功的人生，我们的民族就拥有了希望，我们的国家就拥有了未来。

主体意识、责任意识、竞争与合作意识；终生学习能力、社会交往能力、创造能力；高尚道德品质与健康的个性心理品质等，都是成功人才的必备素质，这些素质也就理所当然地成为成功人生的培养目标。

每个人都有追求成功人生的渴求，青少年更是对未来充满了美好的憧憬，"为成功的人生做准备"必然会成为学生主动发展的巨大动力和奋斗目标。

我们追求的成功人生是使学生获得潜能的挖掘、个性的张扬、自我的超越、人生的幸福，是使学生融入社会，在自己的位置上充分发挥才干，尽心尽力地做有益于人民有益于国家的事。

今天的学习，不仅要着眼于明天的高考，更要着眼于后天的人生。

不积跬步，无以至千里。成功的人生是一个漫长的奋斗过程，非一朝一夕可一蹴而就。每个成功者都可在校园中找到其成功的足迹，明天的成功，起步于今天的准备。"准备"需要自信，更需要百折不挠与持之以恒。"准备"积累于每堂课成功的学习，积累于每次活动的成功参与。成功的教育不仅要使学生拥有对未来的美好的理想，更要注重让学生以脚踏实地的精神去准备。

从整体上讲，教师、学生的所有努力和学校的一切工作都是为了学校的成功和以学校为平台的学生、教师的成功人生做准备。

当学生、教师、校长以成功的人生为共同的追求时，我们大家就有了共同的语言，学校就有了凝聚力。当学生的成功成为教师成功的条件时，教师人生价值的内涵得到了揭示，教师职业的崇高才得到了充分的体现。这种价值观的建立，就使师德有了灵魂。

将人而不仅仅是学生，将人的发展而不仅仅是升学，将培养人的过程而不仅仅是目的，将人的未来而不仅仅是现实纳入学校的核心理念，可谓高瞻远瞩，高屋建瓴。

涵盖了核心的价值观、质量观、管理观、人才观、卓越观和发展观，语言朴实简明，内涵丰富深刻，时代气息鲜明浓郁，集中地体现了金塔县中学教育的思想、培养的目标和办学的追求，成为凝聚全校师生的精神力量。

办学思想：以德立校、依法治校、科研兴校、质量强校。

【释义】

以德立校："天行健，君子以自强不息，地势坤，君子以厚德载物。"(《周易》)"厚德载物"意为以"厚德"为承载万物之前提，可以理解为，只有有了高尚的品德，才能承担育人的重任，这也就是"以德立校"的内涵，即学校以深厚的德泽育人利物，以崇高的道德、博大精深的学识培育学子成才。《大学》有言："大学之道，在明明德，在亲民，在止于至善。""止于至善"首先是一种道德境界，一种道德追求。金塔县中学倡导并鼓励教师成长为大德之师，而育人则先育德，追求素质的全面提升，学校则增厚美德，成为育德的一片沃土，厚德对待他人，无论是聪明、愚笨还是卑劣不肖，都给予一定的包容和宽忍。

依法治校："依法治校，就是要在依法理顺政府与学校的关系、落实学校办学自主权的基础上，实现学校管理与运行机制的制度化、规范化，形成政府宏观管理，学校依法按照章程自主办学，依法接受监督的新格局。"(原教育部部长陈至立语)金塔县中学建立健全法制化的管理体制，强化合法育人，依法行政，加强民主管理与监督。依照相关法律和规章制度治校不仅是金塔县中学的自主诉求，而且是学校规范办学的成功经验。

科研兴校：是知识经济对基础教育提出的迫切要求。一个学校教育教学工作中有了多少科研含量，在多大程度上动用了科研力量，决定了学校是否具备适应更高一级教育需求的水平，是否具备培养适应新世纪发展所需要的人才的能力。随着新课程实施和教师专业化发展的不断深入，科研兴校正在成为引领学校发展的灵魂，成为教师专业化发展的动力。而金塔县中学重视教育教学的科学研究，达成"科研素质是教师的必备素质，科研能力是教师的基本能力，科研水平是学校办学水平的基本标准"的共识，致力于培养一支素质较高的科研型的教师队伍，至今已结硕果。

质量强校：教学质量是学校的生命。学校办学质量的高低往往取决于这个学校的教学质量，只有拿出成绩才能让人信服，有所作为方有地位，正所谓"吨位决定座位"。金塔县中学从教学设施到师资力量到校园文化氛围都有着巨大的优势，因此说，它已具备了取得优秀的教学质量的基本条件并正在逐步取得优秀的教学质量。对于学校来说，品牌的形成离不开高质量的办学业绩。而教学质量是一个学校品牌最好的证明。

办学目标：相对于外部，办人民满意的学校。

【释义】

相对于内部：把学校办成充满生机与活力的师生共同的精神家园。

相对于外部，把"办人民满意的学校"作为金塔县中学办学目标，是对国家教育基本方针的回应，是从党、政府、社会、家长对学校的期望和教育工作者的神圣使命的高度入手，追求教育的本真性和合规律性。教育要为人民服务，所以"人民满意"是办学者无条件的、主动的且毋庸置疑的价值取向，是学校的终极价值追求。在学校教育教学和管理中，学生的学习要让教师满意，表现要让家长满意，品行要让社会满意。教师的教学要让学生满意，教育要让家长满意，工作要让社会满意。而学校的设施建设、发展规划、制度保障、人才机制、后勤服务等要让学生、教师、家长满意，学校的办学成果要让社会满意。同时，金塔县中学坚持学校教育理应有自己独立的品格和地位，虽然这种品格和地位的实现也有赖于教育者自己争取和赢得。坚持教育的公平公正，学校就会最大可能地统一于人民群众的利益，趋向于人民满意这一目标。追求人民满意，满意就会成为一种态度、一种动力、一种责任、一种自省，也才会成为一种现实、一种和谐、一种口碑。

相对于内部，"精神家园"赋予校园文化一定的人文精神，其核心意义是"以人为本"。讲究学校、教师、学生相互间的尊重、理解、宽容、互助，形成良好的人际关系和和谐融洽的校园氛围，注重培养每一个人的主体意识，在个人的不懈追求和修炼中，达成身体、知识、情感、意志、心理的和谐健康的发展，实现人格的完善。其基本特征是充满生机与活力。既具有丰满生动的内容及丰富多彩的情感，又具有绚彩张扬的个性及乐观向上的精神，是一个"诗意的空间""诗意的栖居地"，而不仅仅是一个生活构件。其价值归宿是成功，是幸福，是热爱。对教师而言，学校必须依靠教师发展，而教师则依托学校成功。学校不仅关心教师的职业技能，还关心他们的职业精神，更关心他们的职业人生；学校要千方百计地创造条件，来增强教师们的和谐感、成功感和幸福感。一个可以让教师找到归属感的校园，一个能够给教师创造发展空间的校园，一个令教师身心愉悦的校园，一定是教师们所渴求所呼唤所向往所热爱的心灵乐园、生命乐园。

校训："为成功的人生做准备。"

【释义】

为成功的人生做准备：金塔县中学集六十多年的深厚积淀，既尊重历史，又面向未来，将办学理念凝析为"为成功的人生做准备"，可谓内涵丰富，通俗易记。"人生"是教育的内容，是教育的对象；"成功"是追求的目标，是行动的标准；"做准备"是实施的过程，是实践的策略。就整个人生的"成功"来说，基础教育始终都在"做准备"。就基础教育来说，"为成功的人生做准备"的含义大致可以这样表述，"成功"的学校，就是"成功"的教师，通过实施"成功"的教育，塑造出"成功"的学生。就学校教育的要素来说，"成功"的教师是基础，也是关键；"成功"的教育是过程，也是策略；"成功"的学生是目标，也是归宿。

对学校来说，就是如何根据 21 世纪的人才标准制定办学目标、育人原则、教育和教学方法的问题；对教师来说，就是如何进行教育教学创新，适应 21 世纪教育发展的需要，培养合格人才的问题；对学生来说，就是努力"学会认识""学会做事""学会共同生活""学会生存"，做一个有价值的人的问题。为成功的人生做准备，一要全面发展，成功的人生以素质全面为前提；二要主动发展，我们要做学习的主人；三要通过各种活动去发展，不能只是死读书。体现的是一切为了受教育者的成长、一切为了教育者本身的升华、一切为了学校的发展的办学理念。

校风：文明互爱、勤奋俭朴。

【释义】

文明互爱：文明是一种文化的进步状态，在学校就是校园文化的进步状态，就是崇尚礼仪。好礼有礼，是中国人立身处世的重要美德，金塔县中学作为一所有着六十多年悠久历史和优良传统的学校，其文明表现在：作为学校秩序和学校制度的和顺，作为待人接物的形式的和易，作为个体修养涵养的和美，作为用于处理与他人的关系的和谐。互爱是博爱的内涵在学校文化中的具体表述。它包括了学校与教师之间的互相信任，教师之间的互相欣赏，学生之间的互相关爱和师生之间的尊重与理解。是一种合乐、和睦、和洽、和衷的校园文化氛围。

勤奋俭朴："业精于勤，荒于嬉。"（韩愈《进学解》）金塔县中学办学成功得益于领导与教职员工的辛勤努力，也得益于金中学子的勤勉好学。而朴素不仅是一种品质，更是一种节操。坚持朴素实际上是坚持一个人本性的高洁。六十多年来金中人不浮躁，不奢靡，不求富贵，不讲荣华，嚼得菜根，做得大事，安贫乐潜，卫道守真，以求教育事业的辉煌成就。可以说，勤奋俭朴，就是金中人的生命底色。

教风：敬业爱生、务实创新。

【释义】

敬业爱生：敬业是教师职业精神的操守，是一种责任意识。教师个人价值的实现与职业发展的要求是一致的，金中人以"爱岗敬业"为职业生涯自始至终的基本信念，将职业生涯内化升华为事业，追求个人事业的成就感，尽其才尽其责。敬业是职业发展的基础，又是当代职业人最需要的品格。教育是爱的学问，有爱方有教育。教师育人，是施之以爱，授之以智，晓之以理，动之以情，执之以严，导之以行。我爱我生，亦生亦子。爱生还意味着博大和宽容。唯有博大和宽容，才能兼容并包，使治学具有世界眼光和开放胸襟，真正做到"海纳百川，有容乃大"，进而孜孜不倦地服务每一个学生。

务实创新：是一种对待工作、对待事业的作风。就是要拒绝形式主义，不搞花架子。对学生的成长负责，对学校的发展负责。教师在治学上说实话做实事讲求实效，耐心细致，一丝不苟，修养上不浮躁不自满讲求和谐，沉稳内敛，质朴简约，个人的发展和学校的发展方有其现实意义。创新，是熔责任、勇气、方法、态度、精神于一炉的实践，金中人继承传统，不断创新，努力做到观察形势有新视角，推进工作有新思路，解决问题有新办法，使各项工作体现时代性，符合规律性，富于创造性，自觉地把创新作为一种不懈的追求，始终保持一股闯劲、冲劲、韧劲，开拓进取，与时俱进，使教育教学有活力、有新意、有实效。

学风：博学、慎思、明辨、笃行。

【释义】

语出《四书》，说的是为学的几个层次，或者说是几个递进的阶段。

博学：意谓为学首先要广泛涉猎，培养充沛而旺盛的好奇心。好奇心丧失了，为学的欲望随之而消亡，博学遂为不可能之事。博采众长且不拘泥，执着勤奋，因此博学乃能成为为学的第一阶段。越过这一阶段，为学就是无根之木、无源之水。

慎思：问过以后还要通过自己的思想活动来仔细考察、分析，否则所学不能为自己所用，是为"慎思"。慎思强调慎就是强调不迷信书本，不迷信教师，不迷信权威，不迷信成见。慎思还有善思之意，即善于思考，孔子言"学而不思则罔，思而不学则殆"，是说知识技能的获得和内化是统一的，是学习的两个方面。

明辨：为第四阶段。学是越辨越明的，不辨，则所谓"博学"就会鱼龙混杂，真伪难辨，良莠不分。辨也即"辩"，辨是沟通，是交流，是沉淀，是互补，不仅要分清是非善恶，还要能分清轻重缓急，要能选择。

笃行：是为学的最后阶段，"笃"有忠贞不渝，踏踏实实，一心一意，坚持不懈之意。只有有明确的目标、坚定的意志的人，才能真正做到"笃行"。笃行也有躬行之意，即亲自实践。

由"博学"而"笃行"，是一个内在统一、相连互动的过程。以"博学笃行"为做学问之道，方能学有所依、学有所成、学有所用。

学校的精神：开拓创新、求真务实、勤奋敬业。

【释义】

开拓创新：就是开拓进取勇于创新的精神，它既是一种怀疑且不迷信，批判同时建设，勤奋刻苦坚忍不拔的品格，又是一种"敢说前人没有说过的话，敢走前人没有走过的路，敢创前人没有开创的新事业"（邓小平语）的大无畏的胆略和气魄，还是一种既拥有丰富的经验事实和材料，又能将之整合提炼为规律和操作流程的才能和识见。

求真务实：所谓求真，就是求实求是，也就是解放思想、实事求是、与时俱进，去不断地认识事物的本质，把握事物的规律。所谓务实，则是要在这种规律性认识的指导下，去行动，去实践，追求实际效果。求真是务实的基础，务实是求真的目的。

勤奋敬业：勤奋敬业是一种认真的、积极的工作态度，它来源于一个人崇高的使命感和责任感。在一所成功的学校，并不是具有杰出才能的人就容易获得成功，只有那些勤奋刻苦爱岗敬业并有良好技能的人才有更多的发展机会，才会得到更多人的认可。敬业是从业者最基本的素质之一，同时也是高效率工作的外在体现。勤奋敬业是执行力的表现，无论做什么事情都要记住自己的责任，无论在什么样的工作岗位，都要对自己的工作负责。金中人的工作就是勤奋敬业地去执行，甘为人梯，止于至善。

开拓创新、求真务实、勤奋敬业： 用此作为金塔县中学学校精神特指学校及全员的精神面貌、精神素养和精神追求，有利于激励管理者以博大的胸怀、长远的眼光、开拓创新的积极心态和求真务实的现实作风以及勤奋敬业的职业精神来决策学校事务，有利于激励广大教师以志存高远的理想和矢志不渝的追求来完善自我、奉献学校。这一切，正是学校发展的根本动力和精神所在。

学校发展策略： 学习型、和谐型、数字化。

【释义】

学习型： 学习型校园是一种"学习型组织"，是学校师生形成人人爱学、个个乐学的社会适应行为。在学校教育情景中学习既指学生掌握知识、技能、能力、学会学习、学会思考和形成一定的思想情感、道德品质以及个性变化等的过程，教师接受继续教育，获得动态更新，完善人格从而成为学生学习的引导者、示范者和推动者的过程，又要有相应的机制和手段促进和保障师生学习和终身学习。以学习作为金塔县中学的发展策略，其目的在于实现学生以学习为追求，教师以学习谋发展。

和谐型： 和者，和睦也，有和衷共济之意；谐者，相合也，有协调、无抵触、无冲突之意。《中庸》说："中也者，天下之大本也。和也者，天下之达道也。"和谐意即融洽、调和，是反映事物在其发展过程中表现出来的协调、完整和合乎规律的存在状态。和谐是中华民族传统人文精神的核心，是历代哲人和学者推崇的价值观。和谐既荟萃了传统文化的精华，又反映了时代精神的要求。作为金塔县中学的发展策略，强调师师和谐，师生和谐，生生和谐，领导与基层及一线与后勤的和谐，还强调人与事、物、情景的和谐。并以学校结构中的各个部分、各种要素处于一种相互协调的状态来建构发展的基础，营造发展的环境，形成发展的气象。这一发展策略，涵盖了学校环境文化建设、人际关系建设及教育教学、教学目标等关系学校发展的重要方面，同时，也明确了学校通过努力要达成的目标。

数字化：即校园信息化。它是以网络为基础，利用先进的信息化手段和工具，实现从环境、资源到活动的数字化管理，在传统校园的基础上，构建一个数字空间，拓展现实校园的时间和空间维度，提升传统校园的效率，从而达到提高教学质量、科研和管理水平与教育教学效率的目的。金塔县中学自 2000 年以来就斥巨资建设信息中心，装备数字化教学点并配备师资，又与北师大附中及北京四中等名校合作，初步实现了教学、科研、管理和服务的数字化、信息化和网络化，实现了信息资源和信息服务的合理规划、合理分配和有效利用。以数字化校园的建设为金塔县中学的发展策略，实际上就是将物与人的完美结合，现代化教育教学手段与传统教育教学手段的完美结合作为发展策略。

通讯地址：甘肃省酒泉市金塔县文化街 25 号

邮编：735300

联系电话：0937－4418361

电子邮箱：jtxzxbgs@126.com

二一、武威市第一中学办学理念

办学理念：学生的发展、教师的发展、学校的发展。

【释义】

学生的发展：让学生在学校得到最适宜、最充分的发展，为学生的成才打好基础。

教师的发展：让教师从"教书型"向"研究型"、"专家型"教师发展，重新审视教师自身价值并去实现之，心情愉快地工作和生活。

学校的发展：让学校在百年历史积淀下的办学经验和人文精神中不断努力创新，追求卓越、崇尚一流、持续领先。

建立以学生为本的发展观，尊重教育规律和学生发展的身心特点，坚持面向全体学生，将学生可持续发展作为学校工作的出发点和归宿；实现学生的发展这一目标的核心因素是教师的发展，营造和谐的工作氛围，建立创先争优机制，促进教师专业成长，使教师在成功学生的实践中保持旺盛的生命力；教与学是师生生命历程中的重要组成部分，是师生心与心、生命与生命交流的过程，是师生共同发展的过程，在此基础上通过凝练校园文化、细化德育工作、深化教学改革，坚持特色办学，促进教育教学质量的提高，促进学校的发展。

办学目标：办学理念现代，管理手段优化，教师队伍优秀，办学条件优越，育人环境优美，教育质量一流。

学生培养目标：具有强烈的社会责任感，有健全的身体及心理品质，科学素养、人文素养兼备，创新思维、实践能力两翼齐飞。

办学思想：坚持"常规为本、质量立校、科研兴校"的基本方略，坚持"追求卓越、勇于创新"的精神；以"抓三风、树形象、强队伍，抓改革、活机制、高效率，抓管理、重课堂、高质量，抓教研、促教改、求发展"为工作重点，以"合作教育，自主学习"为工作特色。

校训：明德、博识。

【释义】

明德：出自《大学》："大学之道，在明明德，在亲民，在止于至善。"大意是：学习的目的在于彰显优秀的品德，在于使人革除自身的旧习，在于使人达到最完善的境界。

博识：出自《子华子·晏子》："昔先大夫随武子之在位也，明睿以博识、晋国之隽老也。"大意是指学识广博的人，培养的学生应是具有优秀品德且学识渊博的人。

校风：勤奋进取、文明端实。

教风：敬业爱生、严谨创新。

学风：好学多思、认真刻苦。

通讯地址：甘肃省武威市民主路 5 号

邮编：733000

联系电话：0935—2213593

传真：0935—2213594

电子邮箱：wwyz2006@163.com

二二、武威铁路局中学办学理念

办学理念：人文立校、和谐发展。

【释义】

人文立校：就是学校以人的发展为目标，力求以优美的校园环境、良好的办学条件等物质文化为基础，以师生认同、科学完善的制度文化为保障，创设舆论氛围积极向上、人际关系民主和谐的精神文化，促使全体师生形成正确的人生观、价值观和审美观。

和谐发展：就是学校依托浓厚的校园文化"场"，形成使每一个成员达成共识的无形准则，让不同层面的学生都能在此获得成功激励，各方面协调发展；让所有教师都有实现自身价值的平台，体验生命成功的尊严，从而推动学校的全面发展。

人文立校是手段，和谐发展是目的。

办学目标：高质量、有特色、现代化、创一流。

办学思想：

学校坚持学生首先是教育的主体，然后才是教育的对象的思想，在教育教学中渗透成功教育思想，指导学生养成主动进取和竞争的习惯，培养学生的创新意识和创造才能。

学校坚持严格、规范、民主、科学的管理，是提高教育质量的主要方法的思想。

学校坚持教职工是学校建设发展的根本力量的思想，全心全意依靠教职工，用集体的智慧和力量开创学校工作新局面，提高办学效益，树立良好的社会形象。

校训：明德修身，止于至善。

【释义】

校训出于《大学》："大学之道，在明明德，在亲民，在止于至善。"其意为通过明德提高自身修养，形成完整之人格，以达于至善之境界。果能如此，无论是个人，还是学校，方能得以和谐发展。

校风：爱国、守纪，严谨、笃学。

学风：勤学、会学、乐学、博学。

教风：厚德、博学、爱生、善教。

通讯地址：甘肃省武威市武南镇武南街 360 号

邮编：730009

联系电话：0935—2715610

电子邮箱：zjz3362298@163.com

第四部分

省级示范性普通高中学校办学理念集萃

二三、民勤县第一中学办学理念

办学理念：以师生发展为本、为学生人生奠基。

【释义】

"以师生发展为本、为学生人生奠基"就是要提高教师的生命质量，提高学生的在校生活质量，创造最适合发展的学校教育生活，从而实现教师的专业发展、学生的全面发展和学校的可持续发展。"以师生发展为本"是学校办学的基础，其核心是建设最适合教师与学生发展的文化，具体体现在尊重教师与学生在学校的主体地位，充分发挥他们的主体作用。"为学生人生奠基"是学校办学的最高境界，最有效的教育是能够融入学生血脉、内化为学生品格和习惯的教育，是能够影响学生一生的教育，因而学校教育就不仅要为学生的现在负责，更要为学生的将来负责，为学生的一生奠基。

办学目标：做名师、育名生、创陇原名校。

办学思想：做德才兼备的教师、育品学兼优的学生、办人民满意的教育。

校训：自强不息。

【释义】

自强不息：语出《周易》，"天行健，君子以自强不息"。意思是自然的运行刚健有力，运行不息；君子也应不屈不挠，发愤图强，大凡成就事业者必当如此。我校由毛业传习所发展为今日之陇原名校，原动力就在于此；而未来的发展壮大更离不开这样的精神源泉，故以此为校训。其整体含义是勉励一中人继承和发扬中华民族自强不息的伟大精神，弘扬民勤人民诚朴、坚韧、尚学、求真的优秀传统，传承勤勉、务实、笃学、求新的民勤一中精神，以严谨求实、潜心治学的师者风范，以吸纳古今、文理并重的学者态度，乐教勤学，勇于进取，开拓创新，追求高标准，实现新跨越，努力办好让人民满意的学校，为人才培养奠定坚实的基础。

校风：勤奋、进取、求实、创新。

教风：立德、立功、立言。

学风：刻苦、诚朴、勇毅。

通讯地址：甘肃省民勤县东大街 15 号

邮编：733300

联系电话：0935—4135033

电子邮箱：mqdyzx@126.com

网址：http://www.mqyzedu.com

二四、武威市第二中学办学理念

办学理念：学生的发展、教师的发展、学校的发展。

【释义】

从当前教育改革的发展趋势看，教育改革的目的就是学校要让学生获得发展，家长获得希望，教师获得尊重。教师是学生学习的促进者，教育教学的研究者，课程的开发者，学习制度的建设者。学校不仅是教师安身立命的场所，更是教师实现人生价值的舞台。基于此认识，我校确定的办学理念是：学生的发展、教师的发展、学校的发展。就是要坚持"以人为本"，从学生、教师的根本利益出发，使学生德、智、体、美全面发展，使教师德、识、才、学全面发展，给每一个学生以成功的机会，给每一个教师以发展的空间，不断提升他的生命价值，从而实现学校的全面发展。

办学目标：办学理念现代，管理手段先进，教师队伍优秀，办学条件优越，育人环境优美，教学质量一流。

办学思想：通过提高教师师德修养来提高教学水平，通过提高学生综合素质来提高教学质量。

校训：为成功的人生做准备。

【释义】

从教育本质或教育终极目标看，教育是最关乎人自身的事业，教育的核心是人，它要关怀的是人的解放、人的完善、人的发展；它以人为本，从人出发又为了人。通过教育使人成为创造的人、全面发展的人，为学生将来生活幸福、事业成功奠定坚实的基础。

校风：和谐容大、人文显长。

教风：和而不同、彰显专长。

学风：全面发展、学有所长。

通讯地址：甘肃省武威市西大街 93 号

邮编：733000

联系电话：0935－2214759

电子邮箱：wwezbgs@163.com

二五、武威市第六中学办学理念

办学理念：质量立校、教研兴校、教师强校。

【释义】

武威六中的办学理念是在学校发展中逐步提炼形成的。20 世纪 90 年代初期，学校步入良性发展轨道，追求质量成为学校发展的永恒主题。进入 21 世纪，学校总结过去发展的成功经验，把追求质量作为立校之本。

武威六中由一所城区薄弱学校发展起来，有两个有力的支撑点：一是教育科研；二是教师的工作精神。教育科研是武威六中的传统特色，也是武威六中的办学亮点，也正是立足于学校实际，有利于提高质量的教育科研，使武威六中进入新世纪后跨越发展。没有教师的发展，就没有学校的发展。德高业精的教师队伍是学校发展的重要基础，也是学校发展的核心竞争力。

质量立校，教研兴校，教师强校三者互相作用，教育科研促进教师发展，教师发展提高教育教学质量，提高教学质量提升学校发展层次；最终促进了每一位学生的发展。因此，武威六中提出的办学理念实际上是以学生发展为中心。

办学目标：全面发展、特色显著、名校品牌。

办学思想：制度规范、文化引领、科学发展。

校训：笃学、求真、奋进。

【释义】

笃学："笃"的含义综合古书解释，就是敦厚、诚实、忠信的意思。因此，古人一般将"笃"字与做人联系在一起，如"笃志""笃信""笃行"等。为人要有人品，治学也要有"品格"，这就是"笃学"，究其意就是老老实实、认认真真地做学问。其典故出自《三国志·吴志·孙瑜传》："济阳人马普笃学好古，瑜厚礼之。"

我校以"笃学"为校训之首，既寓人品，更寓学品。要求学生志于学，专于学，厚于学，最终实现自己的理想与追求。

求真：出自《闽中理学渊源考》："求真于未始有伪之先，而性之真可见矣。""求真"，指"崇尚科学，追求真知。"著名教育家陶行知的"千教万教教人求真，千学万学学做真人"揭示了教育真谛，对于学校来说，就是要培养具有渊博学识、求是创新科学精神的国家建设人才。

奋进：即奋发进取。奋进中朝气蓬勃，永葆青春。胜不骄，败不馁，困难之中不怨天、不尤人；遭遇挫折不悲观、不停顿。解放思想，与时俱进，开拓创新，奋发有为。

武威六中校训的整体含义是：全体师生专心致志，勤奋好学，学做真人，追求真知，开拓创新，知难而进。

校风：勤奋进取、求实创新。

教风：敬业垂范、全面育人。

学风：博学笃志、勤奋善思。

通讯地址：甘肃省武威市东大街兴胜路 25 号

邮编：733000

联系电话：0935－2251225

电子邮箱：wwlzhcl@163.com

二六、金川公司第一高级中学办学理念

办学理念：尊重人、发展人、完善人。

【释义】

2005年，学校在原有校训、校风、教风、学风的基础上又进一步提出了办学理念、办学目标、办学思路等，并得到了广大师生、家长和社区的认可，丰富和完善了学校文化建设体系。

党的十七大提出，要"坚持以人为本，树立全面、协调、可持续的发展观，促进经济社会和人的全面发展"。以科学发展观为指导，结合学校四十余年的办学体悟，一中人认识到，最好的教育应该是全体师生得到充分尊重的教育，应该是着眼于师生共同发展的教育，应该是关注学生心灵的教育，应该是使师生在不断完善中感受到自由、幸福和快乐的教育。基于这一认识，学校确定了"尊重人，发展人，完善人"的办学理念。

一中人认识到，教育要以人为本，必须尊重人。尊重是教育的前提，尊重是最好的教育教学方式。以人为本的关键在尊重人，其内容包括尊重人的生命、尊重人的利益、尊重人的劳动、尊重人的价值、尊重人的权利、尊重人的人格、尊重人的创造和创新、尊重人的个性、尊重人的自由、尊重人的能力、尊重人的选择等。包括师生之间、教师之间、学生之间、学校管理层与广大师生之间的互相尊重等。在学校管理、教育教学等各项活动中必须把尊重全体师生作为前提。只有做到对全体师生的真正的尊重，才能实现全体师生的不断发展和完善。

发展人是整个世界整个人类永恒的首要任务。坚持以人为本，把人的需求和全面发展作为经济社会发展的起点和归宿，是对人类发展规律认识的一次飞跃，在科学发展观中处于核心的地位。尊重人必须发展人，学校教育必须为人的发展服务。教育要以人的和谐发展为目标，使得人的本性、人的尊严、人的潜能在教育过程中得到最大的实现和发展。促进与实现人的发展，是教育与学习的根本目的。只有实现人的不断发展，才能实现社会的真正进步。通过学生的发展促进教师的发展，通过教师的发展促进学生的发展，两者相互促进，共同完善。

完善人是发展人的终极目标，人的完善是人生命价值实现的内在追求。教育作为一种独特的社会活动，它的动态形式是一个发展人、完善人的过程。通过人的不断发展，促进人的逐步完善。通过人的不断完善，实现人与世界的有机统一，即"天人合一"。

尊重人、发展人、完善人是人类一切社会活动特别是科学技术和文化发展的根本依据和基本准则，三者相辅相成，有机统一，这就是完全意义上的以人为本。

办学目标：校风纯正，管理科学，特色鲜明，持续发展，为"镍都"学生提供更优质的高中教育。

办学思想：科学管理，依法治校。改革创新，科研兴校。全面育人，争创名校。

校训：求真、达诚。

【释义】

第一高级中学创建于 1962 年，前身为金川公司子弟学校，1987 年发展成为一所独立高中——金川公司第一高级中学，2000 年，被甘肃省教育厅命名为"示范性普通高中"，成为全省首批 14 所示范性高中之一。经过 40 余年的发展，学校确定了"求真达诚"的校训，形成了"明志、图强、求实、奋进"的良好校风，"博学、严谨、敬业、创新"的教风，"诚实、勤奋、善思、进取"的学风。校训"求真达诚"的题写者，是甘肃省原教委主任王松山先生。

求真：取我国著名教育家陶行知先生的"教人求真"之意；陶

先生的原话是"千教万教教人求真，千学万学学做真人"。"真"有两层意思：一是做真人；二是求真知。其"真人"的含义是：与"人民""亲近"的人，与"万物""亲近"的人，有生活创造能力的人；用今天的语言表述，就是有理想、有道德的人。另一层含义是求"真知"。求"真人"是目的，求"真知"是过程，只有求得"真知"才能做得"真人"。

达诚：是借儒家经典著作《中庸》中的"至诚"之意。"至诚"为圣人大德，是君子的品德，是善与美的统一。至诚是立人之本，以诚可以化育万物，可以树木，可以树人。从教师的角度看，就是要求我们的人民教师德艺双馨；从学生的角度说，就是要求我们的学生重品德、有理想。

校训要求我们，在平常的教育教学中，在平时的学习中，时刻把求知与育人、求知与做人寓于一切的教育教学的活动之中。欲育人，先育己。教师要有教育教学的执着，坦诚的胸怀，学生应有真诚求知的品德，只有如此方可开拓教育教学的崭新境界。

校风：明志、图强、求实、奋进。

教风：博学、严谨、敬业、创新。

学风：诚实、勤奋、善思、进取。

学校管理指导思想：公正公平，民主理校。尊重科学，依法治校。

管理机制：以人为本，德才并重。人尽其才，绩效第一。

育人思想：先做人，再做事。先成人，再成才。

德育主题：立志、成人、成才。

学校发展要求：博于问学、明于睿思、笃于务实、志于成人。

学生校园生活要求：安全健康活泼，团结刻苦自信。

校训：求真达诚。

通讯地址：甘肃省金昌市金川集团有限公司

邮编：737100

联系电话：0935—8827341

电子邮箱：jht3679113@126.com

二七、永昌县第一中学办学理念

办学理念：以人为本、科学管理、养德育才、全面发展。

【释义】

以人为本：其核心就是要尊重、关心、理解和信任每一个人，既要充分尊重每位教师的创造性劳动，让他们在教书育人的过程中成为师德的表率、行为的楷模、学业的导师，又要充分尊重每个学生的兴趣、爱好、志向等自主发展规律，让他们成为学习、思维、设计、创造活动的主体。在办学过程中，必须要坚持以教师、学生为本，不仅靠制度约束人，更要靠情感温暖人，靠人文思想熏陶人，形成强大合力，为实现目标勤奋工作，发奋求知。

科学管理：科学管理是管理科学的起点和基础，而管理科学是科学管理发展的必然结果。科学管理具有实践性、科学性、规范性、协调性、效率性等显著特点。在学校教育的全过程中，设计若干工作程序，每个程序都建立策划、实施、控制、评价、改进等环节，整个体系贯穿从招生到毕业的全过程，覆盖教育教学、教师学生、总务后勤各个方面的工作，使管理实现高效性和科学性。

养德育才：养德，就是培养德性，教育学生形成高尚的道德情操；育才，就是使学生掌握扎实的科学文化知识。秉承传统，维系学脉。健全的人格和扎实的文化知识是人生发展必备的条件，二者相辅相成，缺一不可。它不仅符合国家的办学方向，而且体现了办学主体的根本目的，使受教育者达到"品格高尚，学业优良"的境界，就是教育成功的最佳结果。

全面发展：所谓全面发展，就是人在社会交往过程中对普遍性的认同和人对社会关系的控制程度的发展，在人与自然、社会的统一上表现为在社会实践基础上人的自然素质、社会素质、心理素质和个性发展。尊重学生的自然发展，开发学生的多元智能，使学生学会做人，学会求知，学会劳动，学会生活，学会健体，学会审美，提高自身素质，得到全面和谐的发展。

办学目标：校风纯正、博学笃信、特色鲜明、争创一流。

办学思想：文理兼长、多元发展、教书育人、臻善至美。

校训：成德达材。

【释义】

语出《孟子》："君子之所以教者五：有如时雨化之者；有成德者；有达财者；有答问者；有私淑艾者。此五者，君子之所以教也。"意思是君子用来教育的方式有五种：有像及时雨滋润禾苗的，有促使品德完美的，有促使才能通达的，有解答疑问的，有让不能登门受业的人私自取法的。这五条，是君子用来教育的方式。

成德：养成德性。"百业教为先，诸育德为首。"学生学习做人，首先要养成有道德的人，这是中国传统教育思想的主张，也是现代教育思想的主张。教师教书育人，首要的是养成良好的师德；领导管理学校，更要养成敦厚的"官德"，正人先正己。

达材：努力成为社会有用之才。学生在基础教育阶段，学习知识，锻炼身体，形成能力，为的就是要使自己成长为社会的"可用之材"，至少也要成为进一步雕琢的"可塑之材"；教师、领导在如今学习型社会里，也要在工作实践中或工作之余，不断学习，掌握新知识，既做"经师"，又做"人师"，争做"名师"，成为教育事业的"大材"。

校风：和谐、凝聚、奋进。

教风：求真、求是、求精。

学风：自觉、自主、自强。

通讯地址：甘肃省永昌县城关镇城隍庙巷 2 号

邮编：737200

联系电话：0935—7522183

电子邮箱：ycyzbgs@year.com

二八、金昌市第一中学办学理念

办学理念：为人、为学、为明天。

【释义】

做人、成人，求学、治学，为了师生、学校的发展，也为家乡和中华民族的发展奠基。

办学目标：金昌一流、河西名校、全省示范。

办学思想：全面贯彻和落实党的教育方针，以"厚德笃学"为校训，践行"三为"（为人、为学、为明天）办学理念，实施"三名"（做名师、育名生、创名校）质量工程，努力做到素质教育全面化、人才培养个性化；培养学生的创新精神和实践能力，培养学生良好的道德品质、学习品质、健康的身心以及强烈的民主和法制意识、环保意识。努力形成良好的校风、教风和学风，使学校以高水平、高质量、高信誉立足社会，面向未来。

校训：厚德、笃学。

【释义】

厚德：语出《周易》，"地势坤，君子以厚德载物。"古人认为大地胸怀宽广，气势浑厚，君子应增厚美德，容载万物。"厚德"取其意，一方面指教师要以崇高的道德、博大精深的学识培育学子成才；另一方面指学生要努力学习，不断加强道德修养，使自己品德高尚。

笃学：语出《论语》。"笃信好学"意思是坚定诚信，好学向上。强调教师要以求真务实的态度治学，学生要以专心致志的态度学习。

概而言之，我校校训的整体含义是：继承和发扬中华民族厚德载物的伟大精神，树立为国家的繁荣富强刻苦学习、积极进取的伟大志向，以高尚的品德和专心好学的态度，为高等学校输送合格、优秀的新生，同时为本地的经济发展培养合格的建设者，办好让人民满意的教育。

校风：砺志、敬业、求实、创新（砥砺意志、爱岗敬业、求真务实、开拓创新）。

教风：爱生、严谨、博学、善诱（热爱学生、治学严谨、知识渊博、循循善诱）。

学风：尊师、诚信、勤奋、求精（尊敬老师、诚实守信、学习勤奋、精益求精）。

领导作风：廉洁高效、求真创新、率先垂范、扎实服务。

金昌一中精神：无私奉献、艰苦创业、自律自强、与时俱进。

通讯地址：甘肃省金昌市延安路 110 号

邮编：737100

联系电话：0935—8212119

网址：http：//192.168.1.6

电子邮箱：jinchangshiyizhong@163.com

二九、靖远县第一中学办学理念

办学理念：德润人心，文化校园，教学相长，因材施教，学思结合，知行合一，为学生全面而有个性的发展努力。

【释义】

德润人心："以德为本"规范教师行为，让教师按照一定的社会要求，有目的、有计划、有系统地对学生施加思想、政治和道德等方面的影响，坚持做人民满意的教师，创社会满意的学校，把学校的德育工作延伸到家庭德育、社区德育和社会德育等方面。

学校在科学发展的过程中坚持把"德"字放在第一位，这不仅是对师生行为规范的严格要求，更重要的是充分发挥师生的积极性、主动性和创造性，承认和尊重学生的主体地位和主体人格，在民主平等的基础上尊重师生，关注师生的成长，保证所有学生的发展同社会发展的总方向相一致，还要针对学生的个别差异，有的放矢地进行教育。一方面要通过集体来教育个人；另一方面又要通过个别教育来加强和影响学生集体，既要重视学校教育在青少年品德形成过程中的主导作用，又要重视社会各方面的影响，相互配合，协调一致，力求达到学校教育和社会影响相统一，真正做到"以德为本"。

润：使得到好处，扶助。"随风潜入夜，润物细无声。"（唐·杜甫《春夜喜雨》）一个动词的运用将"德育"工作，融入日常生活、学习和工作之中，大德无形、大化无痕，把"润"字作为工作的切入点，体现了教育者以人为本和务实的工作作风。也真正将对人的关爱和尊重做到"随风潜入夜，润物细无声"。

德润、德行润泽万物，恩惠广施万民；学校以仁德治校，以仁义育人。德即得，雨露润泽莘莘校园，甘泉眷顾莘莘学子。一中人"朴实、勤奋、求实、努力"的精神，同德同心造文明学府，群策群力造无量英才，时时以德行教育人，处处以仁义授感悟。

文化校园："文"是错综交杂的痕迹，是一种界限，是知识结构性的积累，是各种事物有章有法地聚在一起非常"美好和谐"的一种现象。一中人秉承学校历史悠久、文化底蕴深厚的传统，将"人性"与"人文"相结合，内强素质，立根树魂，关注师生的终身学习，促进师生全面而有个性的发展。

化："因时而化。"出自《吕氏春秋·察今》。"化"就是改变，就是教化育人，同样用一个动词和"润"字相对应，润化的是心灵，塑造的是一中人"朴实、勤奋、求实、努力"的精神。

文化：文化是一个群体（可以是国家，也可以是民族、企业、家庭）在一定时期内形成的思想、理念、行为、风俗、习惯、代表人物，及由这个群体整体意识所辐射出来的一切活动。

校园文化是师生生活的反映、活动的记录、历史的积淀，是师生对生活的需要和要求、理想和愿望，是师生的高级精神生活，是师生认识自然、思考自己，是人精神得以依托的框架。它包含了一定的思想和理论，是师生对伦理、道德和秩序的认定与遵循，是师生生活生存的方式方法与准则。思想和理论是文化的核心、灵魂，没有思想和理论的文化是不存在的。任何一种文化都包含有一种思想和理论、生存的方式和方法。需要是现实，理想是向往，愿望是想得到的，要求是必须做到的。

学校坚持用"文"这种"美好和谐"的理念行之于一切，即以"文""化"之，就是"文化"的要求。在实际工作中，学校尊重校园文化的核心——全体师生，努力把美好和谐作为文化的最高要求来育人。

德润人心，文化校园：这是道德与文化的统一，也是学校长效发展的灵魂与依托。靖远一中从创办伊始就为学校的文化创设了一个广阔的舞台，提供了一个有较大自由度的挥洒空间，让一中人在校园文化这个充满激情与想象力的命题下得以不断探索与追求。六十余载，一中人已形成了"朴实、勤奋、求实、努力"精神为核心的校园文化。学校清醒地认识到一所学校的校园文化建设，无论是从目标、时间和空间的维度，还是从内容和形式来看，都需要具有一个整体的、系统的结构。未来学校的竞争，从很大程度上讲，是文化的竞争，而不再是简单的教学设备的竞争、校园设施的竞争，或是一小部分教师的竞争。

学校确立"致远求实、团结奋进"的校训，在办学思想的定位上，始终坚持以适当超前的社会、文化和科技的发展需求作为育人目标，结合学校教育资源的具体情况，紧紧围绕"德润人心，文化育人"这一核心，以"责任教育"为载体，以"感恩教育"为平台，以"珍爱教育"为出发点，努力构建良好的育人格局，以严明的纪律、文明的细节、成长中的感恩、追求的目标和人生的价值教育人，切实把"求实教育"和"有效教学"相结合来具体实践教育的"三个面向"。

学校的办学宗旨是："以德立校、依法治校、科研兴校，质量强校。"办学目标是："一流的办学思想，一流的管理水平，一流的师资队伍，一流的教学手段，一流的育人环境，一流的教学质量。"为此，学校一直在建设崇尚一流、团结进取的管理文化；以人为本、宽严有度的制度文化；高效有序、和谐顺畅的管理文化；开放创新、灵活多样的课程文化；相互欣赏、严谨求实的教师文化；生动活泼、诚信善良的学生文化；文明健康、快捷安全的网络文化；整洁优雅、积极向上的环境文化。以文化培育教育核心竞争力，让局部优势与整体实力、发扬传统与改革创新、理性竞争与全面合作、坚持共性与彰显特色、追求理想与面对现实有机统一。学校秉承"教好了一个学生，就是稳定了一个家庭；发动了一个学校，就是带动了一个社区"的思路，努力构建学校、家庭和社会三位一体的育人架构。

一个学校的优秀传统文化凝聚了一代又一代教育者的创造和智慧，是学校赖以生存的精神力量，校园文化的发展与复兴，离不开对优秀传统文化的继承，离开对传统文化的继承，校园文化的发展就是无源之水、无本之木。诚然，继承的目的是为了发展，学校作为"育人"的主阵地，以德为本、文化育人就应创造出能够体现传统文化意蕴的新形象、新载体和新传播渠道，用青少年喜闻乐见的、富有时代感的表现形式，使青少年真正汲取中华优秀传统文化的精髓。学校根据新课改"弘扬民族精神，加强爱国主义"教育目标，同时落实我校"德润人心，文化校园"的德育目标，加强了对学生进行优秀人文传统的教育和熏陶；帮助学生认识和学习中华民族优秀文化传统的人文知识、人文思想、人文精神，吸纳中华民族注重和谐的文化精神，引导学生构建和谐的人际关系；热爱民族文化遗产，传承中华民族的传统美德，使学生了解并践行中华民族的良好礼仪，继承中华民族的人文传统。

教学相长：教和学两方面互相影响和促进，都得到提高。出自《礼记·学记》："是故学然后知不足，教然后知困。知不足然后能自反也，知困然后能自强也。故曰教学相长也。"这深刻地说明了"教"与"学"之间互为条件、相互促进的辩证关系，并认为"教"与"学"是不断深入、不断发展的同一过程的两个方面。"学"因"教"而有进；"教"因"学"而得益。这一教学原则具有唯物辩证法的思想，揭示了教学工作中的客观规律，也是对孔子"学而不厌、诲人不倦"思想的发挥。

陶行知先生曾经说过，先生既没有进步，学生也就难有进步了。这是教学分离的流弊。那好的先生就不是这样，他必是一方面指导学生，一方面研究学问。在共同生活中，教师必须力求长进。好的学生在学问和修养上，每每喜欢和教师赛跑。后生可畏，正是此意。我们极愿意学生能有一天跑在我们前头，这是我们对于后辈应有之希望。学术的进步在于此。但我们却不能懈息，不能放松，一定要鞭策自己努力跑在学生前头引导学生，这是我们应有的责任。师道之可敬在于此，所以我们要一面教，一面学。这充分说明在教学过程中，教与学不是分离的，而是相辅相成、互为促进的，正所谓"教学相长"。在实际工作中教师并不是万能的，自然也会碰到疑难和困惑，而教的过程正好为教师提供了一个发现困惑的平台，从而发现自己知识储备的缺漏，进而及时有效地补缺补漏。学校强调教与学的双边活动，在互动中争取师生共同发展，实现双赢。

"授人以鱼，只供一饭之需；授人以渔，则终身受用无穷。""教是为了不需要教。"新课程把教学过程看成是师生交往、积极互动、共同发展的过程，没有交往，没有互动，就不存在或未发生教学；教师不再仅仅去教，而且也通过对话被教，学生在被教的同时，也同时在教，他们共同对整个成长负责。对学生而言，交往意味着主体性的凸显，个性的表现，创造性的解放。对教师而言，交往意味着上课不仅是传授知识，而是一起分享理解，促进学习；上课不是单向的付出，而是生命活动，是专业成长和自我实现的过程。交往还意味着教师角色定位的转换，教师由教学中的主角转向"平等中的首席"，由传统的知识传授者转向现代的学生发展的促进者。

新课程理念下的"教学相长"，是一种实质性的师生互动行为，是一种确立目标——提出问题——分组讨论——交流合作——展现提升——归纳总结——达标测评的教学理念。夸美纽斯在其著作《大教学论》的封面上就有这么一段话："寻求并找出一种教学的方法，使教员因此可以少教，但是学生可以多学；使学校因此可以少些喧嚣、厌倦和无益的劳苦，多具闲暇、快乐和坚实的进步。"夸美纽斯从教学文化的角度阐述了学生应该在一种祥和的氛围中学习。针对教学艺术问题，他认为"教导别人的人就是教导了自己"。约阿希姆福尔丁斯就常说："假如任何事情他只听到或读到一次，它在一个月之内就逃出他的记忆；但是假如他把它教给别人，它便变成了他身上的一个部分，如同他的手指一样，除了死亡以外，他不相信有什么事情能够把它夺去。"夸美纽斯在此生动的强调，令教导别人的学习者，真正能够从教导过程中学到知识。这种教学思想就是新课程理念提倡的鼓励学生参与教学的学习方法。

面对新课改，学校必须改革或改善办学的思想，使思想解放，并且在诸多要改的事物之中，使教学先行，因为教育终究代表着我们的民族精神。

因材施教：因：根据；材：资质；施：施加；教：教育。指针对学习的人的志趣、能力等具体情况进行不同的教育。出自《论语·为政》的"子游问孝""子夏问孝"。朱熹集注引宋程颐曰："子游能养而或失于敬，子夏能直义而或少温润之色，各因其材之高下与其所失而告之，故不同也。""圣人之道，精粗虽无二致，但其施教，则必因其才而笃焉。"这是宋代理学家朱熹所言。可见"因材施教"是古今都推崇的教学方法。"因材施教"就是按照学生的条件及其所能接受的最佳方式设计教学。

作为一种教育思想，注重在人的差异基础上通过不同的教育方法，促进每个人的发展，是科学求实的，是孔子留给后世的弥足珍贵的教育思想财富，也是我们学校一直秉承的办学理念。苏霍姆林斯基说："没有也不可能有抽象的学生。"意即学生都是活生生的具体可感的人，教师在教学中，必须因材施教。加德纳的多元智能理论也认为，任何学生都有其优势智能领域，从这个意义上说，受教育群体是无差别可言的。学校对不同智力水平的学生采用不同的教育方法，针对学生的个性特点进行教育。孔子认为，学生的个性特点千差万别，因此教学的方法应有所不同，教学的内容应各有侧重，不能千篇一律，应根据学生的年龄特征、兴趣爱好进行教育。

学校在培养学生成长、成才的过程中以"个性发展，共性生长，成才为主"为基本目标。坚持因材施教，因需施教。随着新一轮因材施教最为根本的育人方式落实到课程改革上来，满足学生需要，建立使学生有自主学习权利的机制，让每个学生可以根据自身条件水平情况，在学校老师的指导下选择课程，尊重个体差异，以学生为主体，分析个性特征，重建自信心，激发学习兴趣，实施主体教育。

要适应新一轮的课程改革的要求，学校要求教师完善和更新传统的教育教学观念，充分认识和发挥学生的主体性，坚持教师的主导作用，更多地尊重和理解学生，因材施教，让学生更多地体验成功，从而使学生在愉快的学习中和谐、健康地发展，真正做到"夫子教人各因其材"。

学思结合："学而不思则罔，思而不学则殆。"在孔子的教学论中，他非常重视"学"和"思"的作用，学思结合，是把感性认识上升到理性认识的辩证统一过程。其中"疑、思、问"在教学中更具有极为重要的意义，学生只要认真地独立思考，必然生疑，疑则生问，问则求解，通过不同的形式解问答疑；学生不仅增长知识，而且还养成了独立发现问题、分析问题、解决问题的习惯。《论语》的首句就是："学而时习之，不亦说乎？"孔子在教学过程中特设了练习、实习阶段，目的是培养学生的实际本领，将"习"纳入教学过程是孔子的一大创造。"学而时习"的过程，不仅是学生掌握教师所传授的知识和形成能力的过程，而且也是学生获取新知识的过程。孔子是第一个将知行一致的观点纳入教学过程之中的人，这样就完成了学、思、习、行的教学过程。

孔子的这种"学、思、习、行"相统一的观点对我们今天素质教育中的"研究性学习"也不无启示。"研究性学习"是以学生的自主性、探索性学习为基础，在教师指导下，从生活和社会中研究专题，通过亲身实践，以模拟科学研究的方法获取知识的学习方法。"研究性学习"是用一定的知识原理来指导的学习，它要求学生将"学、思、习、行"真正统一起来。

学是思的前提，不学而好思，虽知不广矣。思离不开学，同时，学也离不开思，思是学的升华和提高。正如孔子所说："吾尝终日不食，终夜不寝，以思，无益，不如学也。"

随着新课程改革的不断深入，要让"自主、探究、合作学习"这一理念落到实处，就必须在课堂教学中使学生将"学"和"思"紧密结合起来，努力做到以下三个方面。一是组织教学时，必须要有明确的问题。心理学研究表明，思维是从问题开始的，没有问题无需思维。古人也曾说："学起于思，思源于疑。"这里的问题包括教师提出的问题和学生提出的问题，而鼓励学生提问题更为重要，问题都由教师提出，仍然是牵着学生鼻子走的应试行为。二是必须创设思维的环境，给学生足够的时间进行思考。要充分相信学生，让他们去探索。对此，北京师范大学肖川博士曾说："给孩子一些权利，让他们自己去把握；给孩子一些机会，让他们自己去选择；给孩子一些困难，让他们自己去面对；给孩子一些条件，让他们自己去创造。"三是要把握好点拨的火候。即不到学生百思不得其解的时候，就不去开导他，不到学生有想法要表达而说不出的时候，就不去启发他。如此将学生的"学"与"思"才能有效地统一起来，为学校教育教学质量稳步提升奠基，为师生全面发展、终身教育努力。

知行合一：知行合一作为中国古代哲学中认识论和实践论的命题，主要是关于道德修养、道德实践方面的。中国古代哲学家认为，不仅要认识（知），而且应当实践（行），只有把"知"和"行"统一起来，才能称得上"善"。知中有行，行中有知，以知为行，知决定行，知是行之始，行是知之成。孔子的"讷于言而敏于行"，墨子的"口言之，身必行之"，荀子的"知之不若行之"，程朱的"知先行后"，王阳明的"知行合一"以及孙中山的"知难行易",毛泽东的《实践论：论认识和实践的关系——知和行的关系》，无不在探讨知与行的关系。

学校在素质教育方面，非常重视启发式教学，学思结合，知行统一，让学生的智慧得到发展，在管理方面做到善抓善管，为学生的全面发展奠基，真正做到人的品德和能力的统一。在学校"有效教学"学习课堂中，为贯彻"学思结合，知行统一"的教学方针，教师在教学中坚持"以学为主"不动摇和培养学生的主动"思维能力"，积极尝试实践性学习。学校认为教学不光是课程的改革，应该是整个教学的改革，课程是其中的一部分，而且是很重要的一部分。应该在教学中更注重认知，认知是教学的一部分，就是学习。在认知方法上我们还有缺陷，主要是灌输。其实，认知应该是启发，教学生学会如何学习，掌握认知的手段，而不仅在知识的本身。学生不仅要学会知识，还要学会动手，学会动脑，学会做事，学会生存，学会与别人共同生活，这是整个教育和教学改革的内容。解放学生，不是不去管他们，让他们去玩，而是给他们留下了解社会的时间，留下思考的时间，留下动手的时间。人的思维、人的理想、人的创造精神、人的道德准则等，学校给予的是启蒙教育，但更重要的要靠自己学习。学和思的结合，行和知的结合，对于学生来讲非常重要，人的理想和思维，老师是不能手把手教出来的，而恰恰理想和思维决定人的一生。这不是分数能代表的。教学改革应该做到学、思、知、行这四个方面的结合，就是学思要联系，知行要统一。"教是为了不教"。不在于老师是一个多么伟大的数学家或文学家，而在于老师能给学生以启蒙教育，教他们学会思考问题，然后用他们自己的创造思维去学习，用他们的终身去学习。

为学生全面而有个性的发展努力：教育部《基础教育课程改革纲要》指出，要"建立促进学生全面发展的评价体系。评价不仅要关注学业成绩，而且要发现和发展学生多方面的潜能，了解学生发展中的需求，帮助学生认识自我，建立自信。发挥评价的教育功能，促进学生在原有水平上的发展"。

学校依据实际，在深刻理解评价与考试改革理念的基础上，围绕评价的发展性功能，在评价标准、评价内容、评价方法、评价工具和评价反馈等方面作出很多有益的努力和尝试，通过发展性评价，引导学生正确认识自我，科学地评价自己和他人，促进学生的主动、全面发展。探索学生多元化的发展性评价方案和制度，保证评价的科学性和有效性；注重学生综合素质评价的方式方法，促进学生积极主动良好的发展。

在长期的办学实践中，我们学校秉承"着眼于学生的终身发展，着重于学生的全面发展，着力于学生的主动发展，着意于学生的个性发展"的优良传统，以培养基础扎实、个性优良、特长突出、素质全面，具有发展潜质和创新品质的 21 世纪新人为目标，通过学科课程为学生打下坚实的科学文化知识基础，通过学科竞赛活动和体艺科技人文活动发展学生的个性特长。营造出适合各类学生健康成长的良好的教育生态，促进了学生的全面发展和个性特长的发展。学校在办学的过程中一直坚持全面发展是个性发展的基础和前提，德育是促进学生德、智、体、美全面发展的根本和罗盘。因此，在办学过程中，学校始终把德育作为首要工作常抓不懈，在实践中形成了德育"13458"育人工程，以促进学生的和谐发展和健康成长。

遵循学生教育规律，构建学校德育模式；加强德育常规管理，构建德育协同工程。学校努力构建学校、社会、家庭相结合的"三位一体"的德育网络。通过家长委员会、校长信箱、校长接待日、社区德育基地等多种形式，努力使学校、社会、家庭形成教育合力，发挥整体优势。另外，学校注重时事政治教育，开展系列德育活动。德育"13458"工程的实施，使学生的综合素质不断提高，一大批品学兼优的学生茁壮成长。另外，在新课改的过程中学校努力做到国家、地方和学校三类课程相结合，以"全面发展＋个性发展"为载体，促进学生成长和发展。

办学理念乃学校发展之魂，体现了学校办学的优良传统，代表学校发展的方向和育人目标。我校经历了六十余载的文化积淀，形成了"致远求实、团结奋进"的校训，坚持"励志有为，博学笃行，弘毅，博专，知行，民主"的育人目标，提出了"全面贯彻教育方针德育为首，全面实施素质教育思想领先"和"改革课堂教学，要坚持以学生发展为本；落实课改方案，为培养创新型人才奠基"等教育教学思路，大力开展爱国主义教育和书香校园建设，扎实进行教育教学研究，德润人心、文化校园，教学相长、因材施教，学思结合、知行合一，为学生全面而有个性的发展努力。

办学目标：一流的办学思想，一流的管理水平，一流的师资队伍，一流的教学手段，一流的育人环境，一流的教学质量。

办学思想：坚持一中心，贯穿两主线，倡导三意识，突出四创新，实现五转变。

校训：致远求实、团结奋进。

【释义】

致远："非淡泊无以明志，非宁静无以致远。"出自诸葛亮的《诫子书》。

求实："诸葛亮在本传里，是一个非常求实的人，是一个实干家。"出自孙犁的《秀露集·耕堂读书记（二）》。

校风：奋发向上、文明整洁、尊师爱生、全面发展。

教风：勤奋严谨、实干高效、铸魂启智、为人师表。

学风：勤学苦练、善于思考、尊师守纪、团结奋进。

通讯地址：甘肃省靖远县乌兰西路 1 号

邮编：730600

联系电话：0943—6121580

电子邮箱：28723215@qq.com

三十、会宁县第一中学办学理念

办学理念：以人为本，质量立校，以特色创优势，以创新促发展。

办学目标：努力把会宁一中办成教育思想端正，教学手段先进，教学环境优美，教育质量一流的省级示范性高中；使学校成为出优秀学生、出优秀教师、出先进的教育经验和理论的新世纪西部贫困地区教育的典范和人才辈出的摇篮；使学生在德、智、体、美诸方面得到全面发展，为学生获得终身学习的能力、创造的能力打下坚实的基础，成为全面发展＋突出特长＋创新精神＋高尚品德的一代新人。

办学思想：以德育为主线，以课堂教学为中心，以师资队伍建设为根本，以教研教改为动力，以加强管理为保障，面向全体学生，全面提高教育教学质量。

校训：爱校、尊师、勤奋。

【释义】

为继承和发扬我校光荣传统和优良校风，激励师生不断开拓进取，奋发有为，自 20 世纪 90 年代初，学校确立校训为："爱校、尊师、勤奋"。

爱校：这是任何一所学校教育师生的思想基本点，因为"爱"乃教育的灵魂，师生员工只有爱其校，才能扎根校园，无私奉献，从而兴其校，成其业；也只有爱校，也才能执着于事业，热爱学习，追求真理。由此推广，才能爱其国，兴其国。

尊师：这不仅是会宁人民代代相承的传统，更是中华民族文化的精神。自有教育，尊师重教、崇文修德，就一直血脉相系，薪火相传；师严而道尊，尊师乃学校教育之关键，尊其师、爱其生，师乃能成表率，生乃能成人才。

勤奋：为学之道，自古尚勤。勤能补拙是良训，一分辛苦一分才。天道酬勤，所以以"勤奋"为训，不仅体现为教之道，而且也体现为学之道；不仅可以鼓舞教师教书育人，为人师表，而且也可以鼓舞学生刻苦求学，发愤成才。

　　总之，"爱校"是基础，"尊师"是作风，"勤奋"是精神。

　　校风：刻苦、求实、严谨、创新。

　　教风：严格要求、教书育人，严谨治学、探索求实。

　　学风：勤奋求实、独立思考，学以致用、诚实进取。

通讯地址：甘肃省白银市会宁县

邮编：730700

联系电话：0943－3221822

电子邮箱：hnyzbgs2008@126.com　QQ：496091459

三一、白银市第一中学办学理念

办学理念：以人为本，为学生的一生发展做准备。

【释义】

"以人为本"就是要以"重视人、尊重人、发展人"为核心，充分突出学生的主体地位，遵循青少年学生身心发展特点和成长规律，循序渐进，因材施教，培养学生自我教育、自我管理、自我发展的意识和能力。"为学生的一生发展做准备"就是要按照邓小平同志"三个面向"的要求，立足于培养全面发展的合格人才，培养学生的创新精神、实践能力和终身学习能力，提高思想道德素质、文化科学素质和身心健康素质，帮助他们逐步树立正确的世界观、人生观和价值观，为他们在未来社会激烈竞争的复杂环境中持续健康发展，打下坚实的基础。

办学目标：集一流师资，创一流管理，造一流环境，配一流设施，育一流人才。

办学思想：我校几经研究，并征求教职工的意见和建议，于2006年提出了"两步走"的五年发展目标。前三年（2006—2008年）的发展核心是围绕"夯实办学基础，凝练办学特色"实施"4321计划"。即四项工程：学校文化建设工程，教学管理规范工程，教师队伍素质工程，学生难忘教育工程；三个深化：深化管理体制改革，深化分配制度改革，深化教学研究改革；两个提高：高中毕业会考各科平均优良率和合格率分别有提高，高中应届毕业生高考重点上线率和本科上线率分别有提高；一个目标：形成办学特色。为此，我们进一步将这一计划分解、细化为每年度的工作目标：2006年围绕"以提高教学质量促进学校发展"为主题，开展"整合、积淀、稳定"工作；2007年围绕"师德师风教育活动"为主题，实施"巩固、深化、创新"工作；2008年围绕"教学管理年"

主题，做好"发展、提升、创优"工作。后两年（2009—2010 年），实施"特色精品"工程，围绕"建设一流省级示范性高中"这一目标，使教育教学质量位居全省示范性高中前列。目标的细化和分解，统一了全体师生的思想，理顺了学校发展的思路，推进了教育教学改革和创新，促进了学生身心健康发展，增强了学校发展的实力。

在此基础上，我校广泛征询师生、家长和社区等方面的意见和建议，几经会议讨论，几番修改完善，制订了《白银市一中2006—2010 年发展规划》。这一规划立足我校未来发展需要，对多年办学过程中形成的成功经验和做法进行了概括和总结，第一次明确提出了走"一二三四五六七八"办学模式之路的构想，即高举一面旗帜——"以人为本，为学生一生发展做准备"的办学理念；抓好两大建设——校园文化建设和设施"硬件"建设；实施三项工程——"青蓝"工程、"三法"（教法、学法、育法）研究工程、"四环境"（和谐校园、平安校园、素质校园、生态校园）建设工程；实施四条治校方略——依法治校、以人为本、文化治校、科研兴校；突出五个注重——注重创新管理模式、注重树立形象、注重工作实效、注重安全工作、注重创建特色；在教师中提倡"六种精神"——热爱岗位的敬业精神，善于改革的创新精神，共同进步的协作精神，爱生如子的园丁精神，奋发向上的拼搏精神，不计得失的奉献精神；引导学生养成"七种良好的学习习惯"——①制订计划、合理用时、提高效率的习惯，②预习新课、记录要点、思考分析的习惯，③专心听讲、主动学习、积极思维的习惯，④独立思考、规范答题、认真作业的习惯，⑤善于质疑、抓住要点、归纳总结的习惯，⑥参加测试、提高能力、纠正失误的习惯，⑦细心回顾、掌握知识、总结提高的习惯；领导班子成员要树立"八种意识"——服务意识、育人意识、管理意识、创新意识、主人意识、遵纪意识、责任意识、调研意识。

校训：自强不息、厚德载物。

【释义】

校训是一所学校最高精神的体现，是学校行为的准则，也是学校对教师和学生进行教导、训诫的要求。我校的校训出自《易经》："天行健，君子以自强不息；地势坤，君子以厚德载物。"

自强不息：即自己要不懈地努力向上。这是对师生精神方面的要求，也是办学精神的不懈追求。作为学生唯有自强不息才能实现自己远大的理想，才能实现自己的人生价值，才能好好学习天天向上。作为教师唯有自强不息方能引导学生在知识的海洋中乘风破浪，并将他们送到理想的彼岸，才能在未来的竞争中出类拔萃，成为一名合格的人民教师。作为学校唯有自强不息才能在激烈的竞争中显出英雄本色，永远立于不败之地。

厚德载物：即有德行的人一定会拥有万物。这是学生在道德品质上的追求。是教师在职业道德上的追求，也是学校思想政治工作的追求。作为学生唯有品德高尚才能成为祖国的有用之才，才能为"四化"建设贡献自己的智慧。作为教师，唯有良好的职业道德才能教书育人，才能成为人类灵魂的工程师。作为学校唯有以人为本，以德为先，抓好学生的思想政治工作和师德师风建设，才能培养出合格人才。这就是我们以"自强不息，厚德载物"为校训的原因。

校风：团结进取、求实创新。

教风：学高为师、身正为范。

学风：爱国守纪、勤奋严谨。

通讯地址：甘肃省白银市白银区公园路 443 号

邮编：730900

联系电话：0943—8222981　　　8258632

电子邮箱：bysongh@126.com

三二、白银市第八中学
（原白银公司第一中学）办学理念

办学理念：以人为本，重在发展，追求一流，服务社会。

【释义】

学校教育，人是目的。这既是教育的起点，也是教育的归宿。作为教育者，他眼中的学生，必须首先是一个"人"，一种多重性的生命存在，要对生命有一种发自内心的敬畏感。

要真正体现以人为本的理念，必须处理好学生发展与教师发展、学校发展与师生的发展、学生发展中人格与学力发展、教师发展中专业发展与个人素质和生活品质的提升等关系，处理好德育、教学、管理三者的关系；同时大力弘扬"四种精神"，努力倡导"四个一流"，不懈坚持"六个追求"，致力于使每一个人都能够得到发展和提升，为社会培养合格的建设者和接班人。

办学目标：培养品学兼优的合格人才，建设德艺双馨的教师队伍，打造底蕴深厚的学校品牌。

办学思想：自主创新，特色办学。

校训：爱国、修身、笃学、健体。

【释义】

我校校训朴实无华，但八个字渗透了全面发展的教育方针。这既是我校长期办学经验的总结，也是我校办学指导思想的浓缩，体现了我校特有的办学理念与文化精神内涵。

爱国：是一个公民最朴素最基本的情感取向，爱国不是人一生下来就有的情感定位，而是学校在教育教学活动中着力培养、强化和升华中形成的。

修身：即崇尚师生的品德教育。体现了八中坚持育人为本，德育为先的理念，把德育放在首要地位的教育原则，致力于把学生培养成为有理想、有道德、有文化、有纪律的"四有"新人。

笃学： 语出《三国志·吴书·宗室传》，"济阴人马普笃学好古，瑜厚礼之。"笃学即专心好学，充实而有恒。为中华之崛起，为理想的实现，潜心攻读，相互切磋。钻研科学的理念，学习广博的知识，发展实践的技能。善思考，能创新。不因环境优裕而懈怠，不为外界干扰而分心，把握青春宝贵的时光，铸就毕生事业的基础。

健体： 练就健康强壮的体魄，经得起风吹雨打；培养良好的心理素质，耐得住生命旅程的颠簸。文明礼貌的语言，端庄大方的仪表，达成心灵美与外在美的统一，体现八中师生昂扬向上的精神风貌。

校风： 谦虚、勤奋、朴实、文明。

教风： 热爱学生、严谨执教、勇于创新、为人师表。

学风： 理想远大、尊师守纪、勤学上进、全面发展。

通讯地址：甘肃省白银市白银区冶金路 236 号

邮编：730900

联系电话：0943－8253178

电子邮箱：zhangruguang_66@163.com

三三、白银市实验中学办学理念

办学理念：以人为本，科研兴校，为学生终身发展奠基。

【释义】

以人为本，科研兴校，为学生终身发展奠基。就是要把学校建设成为时代精神的家园，传承、汇聚先进文明，营造、发展新的精神生活，形成健康的精神生态环境，使实验中学成为人人向往和敬重的文化圣地。

以人为本，科研兴校，为学生终身发展奠基。就是要以人的个体生命为本位，根据个人发展的需要确定教育的目标并实施教育，促使学生全面发展，保护、激发、培养学生优秀的精神品质，使学生成为情感、意志、性格和谐发展的人，成为德、智、体、美全面发展的人。

以人为本，科研兴校，为学生终身发展奠基。不仅关注学生，而且要关注教师，关注一切和教育相关的人。因为没有教师的发展就没有学生的发展；没有家长的发展，就没有学生的最好发展。我们倡导学生、教师、学校和社区的共同发展。

以人为本，科研兴校，为学生终身发展奠基。这是要确立"教育科学是教育发展的第一生产力"的理念，使教育科研成为全校教职工的自觉行为，实现"科研兴校"的历史使命。学校要通过倡导全员参与教育科学研究活动，不断提高教职工的教育理论水平和教师职业道德修养，营造良好的学校文化氛围，实现提高教育教学质量和办学效益的终极目标。在这里，"科研"是手段，"兴校"是目的，只有坚持走"科研"之路，才能实现"兴校"的最终目的。

我们要把"以人为本，科研兴校，为学生终身发展奠基"的理念体现在学生身上，体现在老师身上，体现在一切关注教育的人身上，体现在整个学校的管理与发展规划上。让每个学生都获得成功的体验，让每个学生家长都能得到子女进步的喜悦，让每个教师都可享受到教育人的乐趣，大力构建和谐教育，营造平安校园、书香校园、生态校园、数字校园、文明校园、人文校园，这是实验中学的办学宗旨，也是实验中学对"以人为本，科研兴校，为学生终身发展奠基"这一理念的诠释。

办学目标：建一流学校，育一流人才，把白银市实验中学办成全市领先、全省知名的省级示范性高中。

办学思想：以德育为主线、以课堂教学为中心、以师资队伍建设为根本、以教研教改为动力、以加强管理为保障。

校训：求实、文明、进取。

【释义】

求实：即讲求实际，实事求是，不浮夸，不弄虚，不作假，做人诚实，生活朴实，工作、学习扎实，作风务实，讲求实效，以实干精神去取得成绩。

文明：即人人相互尊重，谈吐文雅，举止得体，知荣辱，明礼仪，遵纪守法，有良好行为习惯，追求物质文明、精神文明、政治文明的和谐统一。"当文明学生，做文明事情，创文明学校"，是我们学校教育发展的终极目标。

进取：即要有上进之心，不断努力，勇于创新，大胆实践，超越自我。进取是一种向上的精神。进取才能获得人生的辉煌，进取心意味着超越平庸，进取应该成为终身之事。

校风：求实、文明、开拓、进取。

教风：敬业、严谨、善教、爱生。

学风：自信、刻苦、守纪、尊师。

通讯地址：甘肃省白银市育才路 6 号

邮编：730900

联系电话：0943－8222590

电子邮箱：cyg323@163.com

三四、定西市第一中学办学理念

办学理念：人有个性，校有特色。

【释义】

"人有个性，校有特色"的思想基础是尊重个性，发展个性。个性是创造的前提，千人一面、万人一腔的教育模式，难以培养出创造性人才。学校必须有先进的教育理念和宽容的教育姿态。

教师要将学生作为一个完整的、独立的人来对待，把学生的人格、性格需求放在与知识同等重要的位置，要对每一个学生的个性发展负责，使每一个学生都走向成功。

学校要为学生个性发展营造和谐的空间，确定健康的导向，提供展示的舞台，树立良好的榜样。

尊重学生的个性，发展学生的个性，就是要以学生主动发展为本，充分尊重学生的个性发展，让学生充分认识个体价值，树立自信心，就是让每一个学生都能在原有的基础上得到发展。

同样，新课程理念认为：教师是有着独立价值、尊严和独立个性的人，不再只是教育教学活动或思想的执行者，而应该以一种主人翁的方式来应对教育教学活动。

学校要为教师个性发展提供支持的平台。要牢固树立"教师第一"的思想，着力抓好教育思想的转变，切实加强教师专业化发展，通过完善机制、校本培训、评价激励等办法，促进教师的发展。

总之，要让每个学生的梦想、激情、个性都得以张扬，让每个教师都有自由发展的空间，让每个生命都享受到做人的尊严，让每个"定中人"都能实现自我发展的价值。

《中国教育改革和发展纲要》指出："中小学要由应试教育转向全面提高国民素质的轨道……办出各自的特色。"可以说，办学

154

有特色，学生有特长是推进素质教育的必然选择，是时代的呼唤。

我校是一所具有六十多年办学历史的陇上名校，曾是定西市的品牌学校，也是许多定西籍、白银籍知名人士的母校。这所学校有着悠久的办学历史和深厚的文化底蕴，许多的定西人曾经把她作为精神家园，是因为这所学校有超前的教育理念和鲜明的办学特色。

20世纪，我校教师中来自五湖四海的诗人、学者比比皆是。既有自由、民主的学术氛围，又不乏科学严谨的求实精神，西北文化与江南文化的碰撞、交流和融合，给这所学校带来了勃勃生机。改革开放之初，我校的许多外省籍教师大都是当时学校的管理骨干和教学骨干，他们和本土教师团结一心，顽强拼搏，创造了恢复高考后定西一中的辉煌。就是在这样的背景下，定西一中走上了良性发展的路子。也正因为这样，才形成了学校深厚的文化底蕴和鲜明的办学特色。"基础宽实，发展多元。"全体师生的素质、个性、能力与智慧的自我生成、自我发展、自我创新和自我完善成为引领学校文化的核心价值。各类人才脱颖而出，充分显示了学校的办学实力和办学特色。

办学目标：创建全市一流，省内知名，国内有一定影响的现代化高级中学。

办学思想：以学生、教师的发展促进学校的发展。

校训：明志致远。

【释义】

"非淡泊无以明志，非宁静无以致远。"出自诸葛亮的《诫子书》。"淡泊""宁静"是"明志""致远"的必要条件，而"明志""致远"则是"淡泊""宁静"的最终目标。立志于学，静心求学是手段和过程；养成学问，增长才干才是目的。学校教育要始终让师生反对浮躁，反对应时，提倡脚踏实地，理性思考。要学会耐得住寂寞，守得住清贫，学会"求真"，学做"真人"。广大师生要有明确的志向，高尚的情趣，树立远大的人生理想，抛弃浮躁，真正做到目标远大，面向世界，面向未来，追求卓越。

校风：尚德求真、励志有为。

教风：博学善导、修身垂范。

学风：勤学善思、自强笃行。

通讯地址：甘肃省定西市安定区镇龙路 151 号

邮编：743000

联系电话：0932—8262095

电子邮箱：dxzxbgs@163.com

三五、临洮县中学办学理念

办学理念：倡导个性化教育，强化基础，提高综合素质；实施人性化管理，开发潜能，促进终身发展。

【释义】

个性化教育就是要遵从差别化原则进行教育教学活动。可以从两个层面理解：一是因材施教，即教师要了解学情，教育要依据学生实际，要照顾学生的知识水平、年龄生理特征及个性特点，教育活动要有针对性；二是教师的个性化，教师的学识水平、学科特点、教学方法、个性特征、人格魅力等都有着很大的不同，我们承认并尊重这些不同，倡导在教育教学方法上的百花齐放，倡导在学术观点上的百家争鸣。

重视基础知识和基本技能的教学，历来是我校的传统，也是我们一直坚持并毫不动摇的原则。不追赶时髦，不好高骛远，不本末倒置，静下心来踏踏实实夯实基础是我们的追求。我们深知，牢靠的基础是学生成才发展的根本和前提。

现代社会越来越重视人的综合素质，一个人的成功也越来越依靠综合素质，凭借"一技之长"就能走遍天下的时代已经一去不复返了。我们说的综合素质有三个方面的含义。一是德育为先，应始终把培养品行端正、道德高尚的人放在教育的首要位置，重视爱国诚信、团结合作的教育，提倡教书育人。二是文理兼通，知识和技能并重，各学科的学习平衡协调发展，重视创新和动手能力的培养。三是德、智、体、美、劳全面发展，尤其要重视学生心智和身体的健康。

人性化就是以人为本。人性化管理的核心，就是尊重人、理解人、爱护人、关心人，就是平等公正地对待每一个人。这个理念应落实在管理者对学校的管理中，也应落实在班主任对班级的管理中。要尊重爱护学生，理解关心学生，杜绝冷嘲热讽、责骂体罚等有伤学生感情和尊严的做法；要和风细雨，润物无声，注重学生良好的行为习惯和学习习惯的养成，反对高高在上、盛气凌人、一曝十寒的教训。

人的潜能几乎是无限的。开发潜能，首先要树立正确的人才观，反对片面的人才观，反对以单一的学习成绩来衡量和评价学生。人才的含义应该是广义的和多元的。有了这个前提，才可能认识到学生是具有潜能的，并进而去开发潜能。其次，在教育教学活动中，要深入了解学生，仔细研究学生，具体掌握学生的特点和特长，找到学生的闪光点，并据此采取切实可行的教育教学措施，最大限度地开发学生的聪明才智。

中学教育承担着为社会培养合格劳动者，为高校输送人才的艰巨任务，这是确定无疑的，但教育的本质更重要的是培养人，培养合格的中国人，这同样也是确定无疑的。认识不到这一点，就是定位不准，就是目光短浅。因此，首先在教育教学目标上要有更高远的定位，必须认识到我们的教育不仅是要培养大学生。要树立责任意识，要有为学生终身发展负责的责任感。其次，要十分清楚，哪些品行和习惯，哪些知识和技能，对学生是终身有用的，是有助于学生终身发展的，这样才能把我们的教育落实到促进学生终身发展上去。

办学目标：以西部贫困地区县域中学教育实际为出发点，努力把学校办成全市一流，全省有知名度，全国有一定影响力的普通高中。

办学思想：以西部贫困地区县域中学教育实际为出发点，努力把学校办成全市一流，全省有知名度，全国有一定影响力的普通高中。

校训：明德、求真。

【释义】

明德："明"即明白，"德"即道德、品行。教育的首要和本质的任务在于育人。培养符合社会要求的，有高尚道德和品行的中国人，需要教师具备良好的师德修养。教师具备高尚师德，才能培养出具备高尚道德的学生。道德的高尚和品行的纯正是人生的坐标，是为人处世的基石，是做人的根本。以德为先是时代和社会对教育的要求。

人无德不立。道德低劣，只能为祸社会；品性高洁，才会造福国家。"明德"就是要明白是非曲直的界限，树立正确的善恶观，养成符合时代和社会要求的德行操守。

求真："求"即追求、探求，"真"即真实、真理。求真就是追求真理，用先进的理论武装自己，形成正确的世界观、人生观、价值观。求真，就是真真实实做人，认认真真做事，不矫揉造作，不虚伪做假。求真，就是探求真知，踏实学习，不浮躁拖沓，不急功近利。

校风：文明、博爱、创新。

教风：身正、学高。

学风：好学、向上。

通讯地址：甘肃省定西市临洮县广场路 9 号

邮编：730500

联系电话：0932－2242457

电子邮箱：gssltzxbgs@sina.com

三六、陇西县第一中学办学理念

办学理念：以人为本，学教和谐，因材施教，发展个性。

【释义】

遵循教育规律，面向全体学生，挖掘个体潜能，促进学生多样发展，培养合格加特长的学生群体。通过教学相长构建民主、和谐、融洽、互励的师生关系，最终体现"养德、启智、健体、审美"的核心观念。尊重师生，关怀师生，依靠师生，发展师生，推动学校又好又快科学发展，将学校发展的成果最终体现到促进师生全面发展的根本上。不断丰富办学内涵，积淀文化底蕴，凸显办学特色，提升办学品位。

办学目标：特色鲜明，陇上一流。创建国家级示范性标准化学校，省级文明单位标兵和国家文明单位，省级、国家语言文字规范化示范学校，省级新课程改革样本示范校。立足陇中，走向全省，面向全国，继承并发扬陇西一中的办学传统，在新课程改革中创出特色，进一步把陇西一中建成现代化的并在全省有一定知名度的中学名校。

办学思想：一是造就一流的师资队伍，把教师发展提高作为学校兴衰成败的根本，形成业务精良、素质过硬的教师团队；二是培养合格的学生群体，培养品德高洁、身心健康、乐学勤学、情趣广泛、爱好突出的合格学生；三是形成科学管理机制，调动全体师生激情，营造乐学爱教的工作、学习、生活环境；四是科教研兴校，把教育科研作为全面提高学校办学质量的支撑点，充分发挥教育科研的第一生产力作用；五是重视校园文化建设，推进素质教育，突出学校办学特色；六是着力推进信息化和现代化建设，为教育教学质量的提升提供科技支撑；七是发挥学校在精神文明建设和语言文字工作中的窗口作用，重视社会实践，为建设和谐文明新陇西作出贡献。

校训：宏、健、忠、毅。

【释义】

"宏、健、忠、毅"之校训为甘肃省立陇西中学创始人、首任校长赵振业（字心柏）亲撰并书写。匾额原为古铜色底，绿色嵌字，隶书，曾悬挂于老校区。

宏——亦作"弘"，为宽广、博大之意。语出《论语·泰伯》："士不可以不弘毅，任重而道远。"《三国志·蜀志·后主传》裴松之注："诸葛丞相弘毅忠壮，忘身忧国。"宋代理学家程颐云："弘而不毅，则无规矩而难立；毅而不弘，则隘陋而无以居之。"又曰："弘大刚毅，然后能胜重任而远道。"

健——刚强，敏捷，有才能。《易·乾》云："天行健，君子以自强不息。"

忠——忠诚，忠实，尽心竭力。《论语·学而》有言："吾日三省吾身：为人谋而不忠乎？与朋友交而不信乎？传不习乎？"《出师表》有言："此皆良实，志虑忠纯。"

毅——意志坚定，做事果断。《韩非子·孤愤》："能法之士必强毅而劲直。"古人云：非弘不能胜其重，非毅无以致其远。简言之，"宏、健、忠、毅"意为读书人要抱负远大，志逸四海，胸襟宽广；孔武有力，勤敏博学，才华横溢；竭忠尽智，赤诚为人，肝胆相照；刚毅果断，意志坚定，雷厉风行；以天下为己任，成为民族英才，成为国家栋梁。

校风：博学、善思、励志、明行。

教风：敬业创新。

学风：全实进律。

通讯地址：甘肃省陇西县巩昌镇长安路南侧

邮编：748100

联系电话：0932—6622560

电子邮箱：lxyzbgsh@163.com

三七、庆阳市第一中学办学理念

办学理念：面向全体、全面发展、与时俱进、开拓创新。

【释义】

"面向全体，全面发展，与时俱进，开拓创新。"全面贯彻党的教育方针，促进所有教师和学生共同成长，提高全体师生的思想道德素质和科学文化素质，培养德、智、体、美、劳全面发展的社会主义建设者和接班人。教育体现人文精神和时代特点，不断创新机制、内容、方式、方法和途径，使学校、教师、学生随着人类社会的发展而进步，随着教育的发展而进步，以开拓进取的精神促进提高教育质量，通过教育创新培养具有全球视野、创新精神和实践能力的复合型人才，为社会主义现代化建设贡献力量。

办学目标：励精图治，全面提升省级示范高中办学水平；奋发图强，努力创建国家级示范性普通高中。

办学思想：深入实践科学发展观，从省级示范学校的校情出发，立足管理实际，创新体制机制，推行校本管理，实现内涵发展；立足教师实际，加强学术引领，助推专业成长，实现专业发展；立足学生实际，优化非智力教育，开发智力潜能，实现全面发展。遵循教育规律，整合教育资源，实现学校健康、快速与和谐发展，建设示范性精品特色学校。

校训：博纳、求真、和谐、卓越。

【释义】

博纳：义取《礼记·曲礼上》："博闻强识而让，敦善行而不怠，谓之君子。"意为学校、教师、学生广博吸纳人类文明成果及教育精华，博采众长，博览群书，博闻强识。

求真：意为学校正确执行党的路线、方针、政策，全面贯彻党的教育方针，研究、探索、正确运用社会发展规律、教育发展规律、学校发展规律，追求教育质量及办学效益的最大化；教师全面贯彻党的教育方针，树立正确的教育观、质量观、人才观，研究、探索、正确运用社会历史规律、教育教学规律、人才成长规律，培养德、智、体、美、劳全面发展的社会主义建设者和接班人；学生树立正确的世界观、人生观、价值观，树立正确的成人观、成长观、成才观，研究、探索、追求、运用真理，为祖国实现社会主义现代化和中华民族的伟大复兴贡献力量。

和谐： 是一切事物存在与发展的原则、状态、方式及规律，是学校、教师、学生发展追求的目标和境界。学校追求与人类社会、教育规律及与人个体的和谐，教师追求与人类社会、教育质量及教育对象的和谐，学生追求与自然界、人类社会、他人及自身的和谐。学校内外诸要素和谐发展。

卓越： 即卓尔不群，越众而出，超越现实，超越自身，追求更高境界。学校追求教育质量与效益的卓越境界；师生追求工作、生活、学习的卓越境界。

教风： 学高身正、为人师表、敬业爱生、严谨治学。

学风： 崇真尚美、慎思明辨、明志博学、厚积薄发。

校风： 团结协作、民主廉洁、求实创新、追求卓越。

通讯地址：甘肃省庆阳市西峰区西大街 178 号

邮编：745000

联系电话：0934－8213127

传真：0934－8213127

电子邮箱：gsqyyz8213127@sina.com

三八、长庆油田第一中学办学理念

办学理念：向学生终身发展负责。

【释义】

"向学生终身发展负责"的办学理念包括"三观""两点""一落实"。

三观：德育为首的育人观；教师为本的发展观；学生为本的成长观。

两点："负责"与"服务"，就是向学生终身发展负责，为学生健康成长服务。

一落实：把这一理念内化为教职工共同的思想和自觉的行动。

办学目标：创一流质量，建特色名校。

办学思想：以教育研究为先导，促进教师专业发展；以健康成长为目标，提升学生综合素质；以人民满意为宗旨，创建特色示范学校。

校训：严谨、勤奋、博学、笃行。

【释义】

严谨：要谨慎严格。要认真慎重地按照一定的"格"来要求自身、学习知识、锤炼品格，绝不自由散漫、敷衍塞责、粗枝大叶。一切有益于人类生存和发展的法规、规范、规则、规律、原则、定律、公式都是取得公众认同的"格"，都需要用严肃、严格的态度去对待、去遵循。甚至于个人的生活节律也都在受社会公德的制约。要想成就事业、实现自己的理想，必须要有严谨的作风。

勤奋："勤"就是尽心尽力不怕辛劳，"奋"即振作发扬，坚持不懈。有了崇高的理想、远大的目标，如果没有勤奋努力、坚韧不拔的追求和探索精神，将会一事无成；贪图安逸、怕苦怕累、浅尝辄止、一知半解，甚至懒惰、懈怠，都是时代和个人所不取的。一个想有所作为的人，必须不断经历锤炼品德、修养情操、强健体魄、练就意志、掌握知识、开发智力、提高能力、拓宽视野等一系列过程，这些过程都需要勤奋。

博学：要广泛地学习，多方面地吸收，"博学而不穷"。学道德、学做人，博览群书，学通古今，读贯中西。要有选择地读，有针对性地读，要信书，但不尽信书，在无涯的学海里游弋，要不断地培养自己的辨别力和鉴赏力，并且结合时代社会发展的实际，从祖国的需要出发，在学的基础上有所发现，有所创新，从历史发展的高度把握我们这一代人的使命。

笃行：就是认真地实行。认真实行而不知疲倦，谓之"笃行而不倦"(《礼记》)。有理想、有目标，还需要盯住目标不知疲倦地去实行。绝不能做说话的巨人、行动的矮子。祖国建设需要的是真心实意、脚踏实地、虚怀若谷的实干家，而不要那种说大话、说假话、文过饰非的吹牛家。当然，前进的道路上会遇到种种困难、挫折、失败，但要有克服困难、经受考验、转败为胜、勇往直前的勇气，这是一种可贵的品格。自觉地磨炼自己的意志，踏踏实实地认真学、认真做，坚持不懈，持之以恒，这是一个德才兼备、品学兼优的人必备的品德。

校风：健康、文明、勤奋、进取。

教风：严谨、扎实、业精、心诚。

学风：勤奋、踏实、文明、朴素。

通讯地址：庆阳市长庆油田

邮编：745100

联系电话：0934—8593686

电子邮箱：ddfbg@163.com

三九、天水市第一中学办学理念

办学理念：以学生发展为根本。

【释义】

"以学生发展为根本"的办学理念集中体现的是新世纪坚持以人为本、全面推进素质教育对学校教育的根本要求。这一办学理想和信念，就是要把立德树人放在学校工作的首位，突出学生在学校教学与管理中的主体性。坚持面向全体学生，着力提高学生服务社会责任感以及探索创新的精神和善于解决问题的能力，促进学生全面而有个性的发展。

办学目标：成为在省内外有重要影响的普通高中学校，积极进行教育教学改革的实验校，辐射经验成果、带动周边学校发展的示范校。

办学思想：坚持走在全省前列的发展定位，全方位调动师生的积极性、主动性和创造性，建设专家型、奉献型教师团队，推进素质教育，提高办学质量，科学规划校园建设，全面优化育人环境，不断推动学校健康、协调、可持续发展。

校训：苦志以求立、广学以求通。

【释义】

苦志：即磨炼意志。《孔丛子·记问》："太公勤身苦志，八十而遇文王。"唐白居易《效陶潜体》诗十三："醒者多苦志，醉者多欢情。"孟子曰："天将降大任于斯人也，必先苦其心志，劳其筋骨，饿其体肤，空乏其身……"

求立：乃立德、立功、立言。

广学：即广泛汲取文理知识，全面提高综合素质，还寓有兼容并包、胸襟开阔之意。

求通：即去塞求通，化解疑难，融会贯通，通达世事，完善人格。梁启超曰："觇国之强弱，则于其通塞而已。血脉不通则病，学术不通则陋。"—— 晚清甲午年状元、著名教育家、实业家南通张謇先生于 1923 年题写。

校风： 学生：苦学、会学、乐学，成人、成才、成功；
　　　　 教师：心正、身正、术正，爱岗、爱生、爱校。

教风： 严格、认真、求实、创新。

学风： 勤学、好问、善思、进取，知行统一、学思结合。

通讯地址：天水市秦州区泰山东路 8 号
邮编：741000
联系电话：0938－8271002
电子邮箱：tsyzb8271002@126.com

四十、天水市第九中学
(原天水铁路局第一中学)办学理念

办学理念：以人为本，以爱为源，培养能力，为学生的终身发展奠基。

【释义】

以人为本，以爱为源：这是教师教育教学的出发点，是教师对学生应该具有的情感态度。也就是说，教师要坚持尊重学生、理解学生、信任学生、培养学生和发展学生的态度。以人为本的态度，是以对学生的爱为基础的。倾注爱心，爱生如子，急学生所急，想学生所想，用爱心和奉献去浇灌学生，真心关注学生的健康成长，以人为本的态度才能落到实处。简言之，就是教师以学生为本，学生以发展为本，奉献爱心是基础。

培养能力：这是重点，是任务。新世纪具有鲜明的时代特征：知识经济加速到来，科学技术迅猛发展，国际竞争日趋激烈。在这个以知识的创新与应用为特征的知识经济时代，培养具有创新和实践能力的人才已成为影响整个民族生存和发展的关键。面对挑战，在高中阶段突出素质教育的宗旨，就是要加强对学生创新精神和实践能力的培养，使学生真正具备获取新知识的能力，具备收集处理信息的能力，具备分析解决实际问题的能力，最终成为能够从容应对新世纪挑战，在学习后实践，在实践中学习，在实践中创新的合格人才。

为学生的终身发展奠基：这是目标。可以理解为：一切为了学生的终身发展，为学生终身发展奠基。这一理念可称为"人生预备教育"，它首先是对普通高中教育目标的定位，即把学生培养成终身持续发展的人；其次是对教育内容定位，即给学生以面向未来的预备教育。

办学目标：把学校办成一所有特色、高质量、高品位、现代化的、在市内有一定影响的、一流的省级示范性高中。

办学思想：

夯实基础设施，为和谐教育提供保障；

树立先进理念，谱写和谐发展新篇章；

实行科学管理，为和谐发展奠定基础；

强化师资建设，促进教师和谐发展；

重视科研兴教，为和谐发展注入活力；

深化课程改革，构建和谐的课程体系；

实施素质教育，培养全面和谐发展人才。

校训：崇德、惜时、博学、致远。

【释义】

崇德：应该是每一个天水市第九中学的人毕生追求的精神境界。崇德就是要崇尚真、善、美，崇尚我们中华民族的传统美德。让爱国与感恩、正直与文明、诚实与守信、敬业与自强成为我们的灵魂。严以律己、宽以待人，是我们的立身之本。

惜时：就是珍惜时间，就是珍惜生命。人生有涯，知无涯，时不我待，抓住一切可以利用的时间，做有益于自己和社会的事，就是对父母、对家人、对国家的回报。珍惜时间，就像从海绵中挤水，只要去挤，就能有收获。莫待白了头，老大徒伤悲。

博学：时代在发展，时代在考验着我们，广博的学识、健全的能力是我们的生存之本，更是我们国家和民族的兴盛之本。面对挑战，我们的出路只有一个：博学之，慎思之，笃行之，练就十八般武艺。

致远：应该是我们的人生理想。追求卓越，追求高远，我们的人生才有目标，我们的奋斗才有动力。致力于他人的幸福，致力于社会的繁荣，致力于国家的兴旺发达，做一个有理想的人，当是一个人一生最大的幸福。

以此为铭，感于心，信于众，立于业，毕生为振兴中华踏实奋进，矢志不移。这就是我校全体师生的追求。

校风：笃诚、笃志、笃行、笃学。

教风：厚德、博学、善教、爱生。

学风：明理、踏实、励志、创新。

通讯地址：天水市麦积区前进北路 11 号

邮编：741020

联系电话：0938—2616183

电子邮箱：ll0916@163.com

四一、甘谷县第一中学办学理念

办学理念：让每一位学生都得到健康发展。

办学目标：一流的师资队伍，一流的办学条件，一流的管理水平，一流的教学质量，一流的人才效益。

办学思想：依法治校、质量强校、教改兴校、特色立校。

校训：敦行修业、尚志立品。

【释义】

原话出于甘谷县历史名人巩建丰在清雍正四年任云南省提督学政时草拟的《滇南课士条约》，原文为"敦行潜修，尚志立品"。2006 年，经社会各界人士推荐、综评、修改后作为我校校训。

敦行：始见于《礼记·曲礼上》："博闻强识而让，敦善行而不殆，谓之君子。"在这里"敦"是敦促、勉力的意思，"敦行"就是勉力去做，强调了动手能力的重要性，意为学子所学的知识必须付诸实践，运用于社会。

修业：取义《管子·宙合》"修业不息版"句。业，古人将写字著书用的方版称为"业"，而将写文章称为"修业"，我校取"努力学好科学文化知识"之意。

尚志：尚，崇尚。"尚志"为崇尚高远志向之意。

立品：品，品味、修养的意思。清初散文家江琬在《江天一传》中有"士不立品，必无文章"的名句，强调读书人首先要树立崇高的道德品行的主张，"立品"即取此意。

甘谷一中校训的基本意思是：在重视实践的前提下，努力学习科学文化知识，树立高远的志向，努力完善自己的品德修养，做一个对国家和社会有用的人才。

校风：诚信、文明、勤学、守纪。

学风：笃学、善思、自强、求新。

教风：高尚的师表风范，严谨的治学态度，求实的工作作风，无私的奉献精神。

通讯地址：天水市甘谷县大像山镇南关街 126 号

邮编：741200

联系电话：0938—5623461

电子邮箱：ggyzmail@126.com

四二、天水市第二中学办学理念

办学理念：育人为本、科研兴校、追求卓越。

【释义】

天水二中的办学理念可以用十二个字来概括，即"育人为本，科研兴校，追求卓越"。这个理念应该从两个方面来理解。

其一，从结构上看，构成理念的三个短语呈等腰三角形。育人为本和科研兴校是三角形底边上的两个端点，由端点出发的两条射线在高空的交点就是追求卓越。育人为本作出成绩，科研兴校提高了质量，追求卓越乃水到渠成之事。

其二，从内容上看，这个理念有三层内涵。

第一，分工不同，育人为本着眼于教育教学，科研兴校立足于教研教改，立足于理论，着眼于实践，理论要用实践来检验，它反过来又指导实践。

第二，地位不同，育人为本应是目标，科研兴校则是达到目标的手段。

第三，培养对象不同，育人为本侧重于培养德才兼备的优秀学生，科研兴校侧重于磨炼品行兼优的教师。

育人为本，教育的根本功能是促进人的成长与发展，教育的首要任务是教会学生如何"做人"。内容上是指学生的德、智、体全面发展，体现教育方针和素质教育的精神。就是说学校教育要以学生全面发展为本，要以学生全面素质的提高为本，育人为本确立了以人为本的理念。育人为本，是实践坚持以人为本的科学发展观，实践"三个代表重要思想"的重要表现。教书育人、管理育人、环境育人、服务育人则体现了学校育人的整体思路。

科研兴校是围绕教学这一学校工作的中心，既包括常规教研，也包括根据时代对教育、教师的要求，引导教师积极开展课题研究，要依靠教育科研来建好、办好、管好学校。科研是手段，兴校是结果（目的），使教师由技术型向科研型转化，教育科研是学校教育的助推器，是学校教育不断完善发展的"内驱力"，是全方位提升育人水平的手段。

总而言之，育人为本与科研兴校虽殊途，可必然同归，即实现追求卓越的理想。科研兴校，从思想方法上讲，内涵包括教师成为研究者，教学科研一体化，以校为本。教师成为研究者是科研兴校的根本思想方法，教学科研一体化是基础，以校为本的研究是核心（一是为了学校，二是在学校中，三是基于学校）。

卓越是学校追求的目标，而追求卓越本身就是学校的一种文化，体现学校的一种精神。过程塑造了文化，而文化建设的结果则是卓越目标的实现。

追求卓越就是追求做得比别人好，它包含了自强不息，奋勇拼搏，勇创大业，敢于超越的内容。

追求卓越就会团结一切力量，奋勇前进；追求卓越就会马不停蹄，永无止境；追求卓越就会克勤克俭、戒骄戒躁。

办学目标：塑造学校文化，构筑优质教育，创建"人文二中、质量二中、育人二中、现代二中"，使二中成为天水一流的陇上名校。

办学思想：以党的教育方针、邓小平教育思想和"三个代表"重要思想为指导，以科学发展观为统领，紧紧抓住新课改的机遇，全面推行素质教育，深入贯彻落实全国教育工作会议和市、区教育工作会议精神，进一步加强常规管理，提升办学影响力；加强师德、师风、师能建设，着力打造名师工程；强化德育工作，提高学生德育素养；加强校本教研，全面提高教育教学质量。打造校风淳、质量优的平安、文明、和谐校园，努力把学校办成"人文气息浓郁、文化积淀丰富、教育质量一流、办学理念先进、学校特色鲜明"的天水一流、全省知名的学校。

校训：博学而笃志、切问而近思。

【释义】

学识广博，志向坚定，急迫地钻研，切实地思考。意义：以此为校训着眼于训导学生能循序渐进地把握大道（学问之道，人生之道），尤其是"近思"，宋人吕祖谦解释更为详尽："若乃厌卑近而骛高远，躐等凌节，流于空虚，远无所依据，则岂所谓近思者耶。"朱熹亦将所编纂的宋理学家言行录题名的《近思录》。

校风：朴实中创新、和谐中争先。

教风：教中学、知中行。

学风：动心、力行、合作。

通讯地址：甘肃省天水市
邮编：741020
联系电话：0938－2736039
电子邮箱：gstsez@163.com

四三、平凉市第一中学办学理念

办学理念：为每个孩子负责，为学生终身发展奠基。

办学目标：创建省级一流高中，培育世纪优秀人才。

办学思想：坚持"校本发展、内涵发展、特色发展"的发展定位，瞄准"创建省级一流高中，培育世纪优秀人才"的办学目标，紧扣实行年级分级管理目标责任制和践行有效教学策略、打造高效教学课堂两条工作主线，狠抓基础设施建设、教师队伍建设和校园文化建设三项建设，深化课堂教学改革、德育教育改革、教师评价改革和管理机制改革四项改革，以"三风"建设为基础，以新课程改革实验为契机，切实推进学校内涵发展，全面提高教育教学质量。

校训：文理兼修、知行并进。

【释义】

文理兼修：把自然科学与社会科学结合起来作为学校对人才培养的基本途径，教育引导学生走文化艺术和科学知识相结合的道路，着力培养高素质的复合型人才。要求学生不仅拥有渊博的科学知识，也具备丰厚的文化艺术修养，从而使他们能在优秀传统文化中认清自我、坚定爱国思想，在人文精神的培育中珍爱生命、懂得担当，在艺术的天空中放飞想象、憧憬美好，让逻辑思维与形象思维相得益彰、创造奇迹，不断把人类文明成果转化为智慧的源泉和创新的力量。

知行并进：知是指科学文化知识，行是指人的实践；知行并进，既重视科学文化知识的学习进步，又重视道德与科学文化知识的践履和实际行动能力的锻炼。

校风：诚实守信、团结进取、健康竞争。

教风：乐教慎思、博采精进、勤勉卓越。

学风：朝勤夕惕、善思好问、自立自强。

通讯地址：甘肃省平凉市崆峒区望台巷 2 号
邮编：744000
联系电话：0933—8212961
电子邮箱：plyzbgs@sina.com

四四、静宁县第一中学办学理念

办学理念：德行相修、协调发展。

【释义】

"厚德载物""君子好德，藏焉修焉"和君子"立德、立功、立言"等关于"德"的古老传统教育思想，以及汉唐儒学、宋明理学"首德"之精髓，德以行践，无"行"则"德"为空，只有"知行合一"、才能德才兼备，"德、智、体、美、劳"全面发展。"协调发展"就是在坚持科学发展观，尊重基础教育规律的基础上，创新机制，其内涵是"学生发展教师，教师发展学校"。

办学目标：把学校建设成为全省知名的集示范性、实验性、开放性于一体的高级中学。

办学思想：以德治校、科研兴校、特色立校、质量强校。

校训：修德以立身、勤学以自强。

【释义】

修德以立身：关于"德"。《易经》曰："至哉坤元，万物资生，乃顺承天，坤厚载物，德合无疆，含弘广大，品物咸亨。地势坤，君子以厚德载物。坤至柔而动也刚，至静而德方。"孔子曰："德之不修，学之不讲，闻义不能徙，不善不能改，是吾忧也。"人立于天地之间，必须以修德为首。《大学》首句倡言："大学之道，在明明德，在亲民，在止于至善。"《大学》又云："君子好德，藏焉修焉。""德"是根本，是立身的基础，"修德立身"表示我校师生要学习、培养高尚道德品行，追求美好精神境界。

勤学以自强："勤学"意为勤奋学习。学习是生活和工作的第一需要，只有不断学习，终身学习，与时俱进，自觉实现知识的不断更新，超越自我，紧扣时代脉搏，顺应时代发展要求，才能胜任自己所从事的工作，才能更好地完成党和人民赋予的历史使命。学习既是"知"的学习，更是"行"的学习；既是"才"的学习，更是"德"的学习。"勤学"是实现师生以及学校的可持续发展的前提。

"自强"语出《周易》："大哉乾元！万物资始，乃统天。云行雨施，品物流行。大明终始，六位时成。天行健，君子以自强不息。"意为自尊自重，不断自力图强，奋发向上。自强是中华民族的传统美德，成就事业当以此为训。

多年来，我校在秉承"厚德载物""君子好德，藏焉修焉""立德、立功、立言"的古老传统教育思想，以及汉唐儒学、宋明理学"首德"之精髓，结合现当代"行知合一""德、智、体、美、劳"和德才兼备、科学发展、尊重规律的思想的基础上，坚守"学生发展教师，教师发展学校"的理念，逐步构建了富有特色的办学理念，这就是"德行相修，协调发展"。

在争创"陇上名校"，把我校建设成为"全省知名的集示范性、实验性、开放性于一体的高级中学"的总体奋斗目标和"德行相修，协调发展"的办学理念的指引下，我们确立了办学的基本思路：即"以德治校、科研兴校、特色立校、质量强校"。其主要内容可以概括为：追求卓越，建设富有爱心、治学严谨、团结协作、研究型、专家型教师队伍；培养志存高远、勤学善思、友爱诚信、发展型、创新型的学生群体。

总而言之，"以人为本、亲和大气、勤奋自强、追求卓越"的校风是我校保持持续发展的基本保证；"敬业、爱生、严谨、合作"是我校教风的优良传统和提高质量的不竭源泉；而"笃行、勤学、善思、好问"则是我校培养发展型、创新型的学生群体的具体体现。

教风：敬业、爱生、严谨、合作。

学风：笃行、勤学、善思、好问。

校风：以人为本、亲和大气、勤奋自强、追求卓越。

通讯地址：平凉市静宁县中街170号

邮编：743400

联系电话：0933－2522647

电子邮箱：jingningyizhong@163.com

四五、泾川县第一中学办学理念

办学理念：铸魂、广智、强体、修美。

【释义】

这八个字，蕴含着泾川一中先儒贤达建校育人的初衷，饱融良师弘扬地方文化、发展国民经济的赤诚情怀，衍射出陇东名校重教兴学，富民强国的希冀。如果说，过去的六十多个春秋，学校以此为育人目标，则是为了培养振兴经济、建设祖国的科技人才，那么，现在及将来我们以此为办学理念，则是为了他们具有创新精神和实践能力，为人类的和平与发展、兴旺与腾飞共创伟业。

铸魂：在这个办学理念中，"铸魂"为首。"魂"特指崇高的精神，美好的品德修养，我校自1940年8月创建至今，始终把学生德育工作放在首位，常抓不懈。20世纪五六十年代，家庭出身和政治面貌是决定学生升学就业的一个重要条件，由于长期的积淀和接二连三的政治运动的熏染，许多学生因先天的不幸，"魂"不由己，有的自出生就囿于"地、富、反、坏"的家庭牵绊，难得铸造成才。20世纪七八十年代，学生思想表现和操行评定被列为报考大学政审的重要依据，个别学生尽管学业突出，但受封建思想和资产阶级意识的侵蚀，在德育方面形成后天之缺陷，历史经验告诉我们，育才须先育人。

《法言·学行》有语："或问：'世言铸金，金可铸与？'曰：'吾闻觌君子者，问铸人，不问铸金。'或曰：'人可铸与？'曰：'孔子铸颜渊矣。'"《左传·昭公二十五年》有语："心之精爽，是谓魂魄，魂魄去之，何以能久。"古代良训规劝我们，育人须先铸魂。

广智：即扩充知识，拓展智能，这是学校教育的核心工作。

古人尚智，多狭隘于宫庭权变，沙场征战以及商贾交易，尚且明白"宁半智，不半力"的道理。而今科技骤变时代，智则兴，愚则亡。

当然，这一方面我们之所以谓之"广智"，就是为了区别于传统的灌注式教学。我们既不赞成苦教苦学，也不信可硬拉硬捕，我们历来提倡灵活创新，发掘学生先天之灵性，善于启发，勤于诱导，为他们创造更为广泛的智源，从而使他们在学中长智，用中见智，玩中显智，智趣横生，日长智增，这就是泾川一中的教学特色。

强体：即强化体能，强健体魄。我们虽不敢奢望每个学生都文韬武略，但我们必须保障每个学生身心俱健。每年学校除统一组织秋季田径运动会，冬季越野赛以及班级间各项球类、拔河比赛外，还经常参与校外各种体育赛事，大力提倡学生自觉锻炼。从 20 世纪五六十年代至今，我校一贯重视群众体育运动，在省地县各级体育赛会中都取得较为突出的成绩，为国家输送了一批批体育人才，赢得了省体育传统学校美誉。目前，我校标准体育场业已建成，各种锻炼器材齐备，活动场馆齐全，指导教师年轻有力且各怀绝技，强身健体，成为校园生活中一道颇为壮观的风景。

修美：即修身养性，研习美育。《礼记·大学》有言："欲齐其家者，先修其身。"我国早在 1922 年以前，中小学校就设有修身科，我校在创建之初，条件简陋，学校发展举步维艰，仅有八九个人的教职工队伍，却安贫乐、教团结协作，精诚奉献，以良好的职业风范为后辈晚生展现着美的风采。20 世纪六七十年代，在雷锋、焦裕禄等模范人物的感召下，学校广大师生争做好事，无私奉献，一代新人茁壮成长，为社会主义建设谱写了无数美妙的乐章。改革开放以来，学校在继承中华传统美德教育的基础上，不断学习外来的先进文化，讲文明，美言行，美育工作范畴渐趋丰富，从以往单一的政治思想表现拓展到工作学习、生活、社交、娱乐等各个层面，成为学校教育的一个重要方面。

"铸魂、广智、强体、修美"，不仅是泾川一中的办学理念，而且是泾川一中的治学宗旨，更是泾川一中兴教育人的终极目的。

办学目标：高质量、现代化、有特色。

办学思路：民主治校、科研兴校、质量立校、特色强校。

校训：严谨、求实、拼搏、向上。

校风：团结、文明、勤奋、成才。

教风：严谨创新、教书育人。

学风：勤奋好学、立志成才。

通讯地址：平凉市泾川县城

邮编：744300

联系电话：0933—3478250

网址：http：//www.gsjcyz.com/

电子邮箱：jcyz250@163.com

四六、庄浪县第一中学办学理念

办学理念：以人为本、内涵发展。

【释义】

以人为本：指在学校管理中，以被管理者为主体，更多地关注学生、教职工的独立性和创新性，关注人的个性发展，关注人的存在价值，关注人的情感与沟通。

内涵发展：是指学校的生命和可持续发展，取决于学校自身的条件和对外部挑战的回应力，在学校管理主体多元化和市场激烈竞争的形势下，学校通过以人为本的激励机制，通过创新管理，形成自己的特色及优势，全面促进师生的共同发展和素质的不断提高，促进学校的可持续发展。

办学目标：陇上名校，市内一流，全省知名，有一定影响力和竞争力的陇上示范性品牌学校。

办学思路：和谐理校、质量立校、科研兴校、特色强校。

校训：明德、启智、健体、尚美。

【释义】

明德：就是要求学校以德为立校之本，始终坚持社会主义办学方向，全面贯彻党的教育方针，自觉地把德育放在首位，推进以德治校与依法治校的有机结合，培养政治合格，德、智、体全面发展的社会主义事业的建设者和接班人。"明德"同时也要求学校师生员工以德为立人之本，爱党、爱国、爱民，友天、友地、友人，自强、自省、自悟。语出《大学》："大学之道，在明明德。"

启智：就是通过智力教育，传授知识，开启智慧，发展智能。语出《论语》。子曰："不启不愤，不悱不发。"

健体：就是通过体育锻炼，形成健康的体魄。

尚美：就是崇尚美育，培养学生审美观和感受美、鉴赏美、创造美的能力的教育。

　　校风：明理乐群、励志敏行。

　　教风：厚德博学、启智至善。

　　学风：乐学、勤学、会学、笃学。

　　通讯地址：甘肃省庄浪县车站路01号

　　邮编：744600

　　联系电话：0933—6621721

　　电子邮箱：1127358467@qq.com

四七、临夏回族自治州中学办学理念

办学理念：崇德务实、和谐发展。

【释义】

崇德：就是崇尚、重视德育，继承和发扬学校"教书先育人，育人先立德"的传统，加强师德建设和学生德育工作。

务实：就是在学校管理和教育教学工作中，倡导求真务实、脚踏实地、尊重规律、讲求实效的精神，精心教书，潜心育人。

和谐：就是要求师生团结互助、仁爱宽容、亲和谦逊，追求内心和言行的和谐，促进个人和学校、教师和学生共同发展。

发展：就是全面发展、个性发展。在继承中追求发展，在发展中实现创新，在创新中打造特色。

办学宗旨：以德治校、质量立校、教研兴校、名师强校。

办学目标：悦纳每一个学生，发展每一个学生，成就每一个学生。

培养目标：志向远大、基础扎实、素质全面、特长鲜明。

办学思想：科学发展、和谐发展、特色发展。

校训：明德、自强、博学、笃行。

【释义】

为了继承和发扬我校八十多年来形成的优良传统和作风，进一步凸现学校特色，激励广大师生严谨治学，刻苦上进，与时俱进，开拓创新，2005年11月至2006年7月，在广泛征集各方面意见的基础上，经校九届四次教代会讨论，确定新校训为"明德、自强、博学、笃行"。

明德：语出《大学》。"大学之道，在明明德，在亲民，在止于至善"。意谓大学的原则，在于涵养和彰显德行，在于更新民心，在于达到最好的理想境界。同时，也体现我校德育为先、育人为本的办学思想。

自强：出自《周易》。"天行健，君子以自强不息"。意为自尊自重，不断自力图强，奋发向上。自强是中华民族的传统美德，成就事业当以此为训。我校原校训中亦有"自强"一词，沿用以体现对传统的承继和发扬。

"博学""笃行"：语出《中庸》。"博学之，审问之，慎思之，明辨之，笃行之。"意思是，人要广泛地学习，详细地询问，慎重地思考，清楚地分辨，一心一意地实行。取其"博学"，则是强调学习要有广度，要全面发展；取其"笃行"，以表注重实践，学以致用。

新校训的整体含义是：要继承中国传统教育德育为先的原则，要求学生发扬中华民族自强不息的伟大精神，做到知识广博，全面发展，注重身体力行，学以致用。

学校传统：严谨治学、乐于奉献、艰苦创业、自强不息。

校风：以德治校、质量立校、教研兴校、名师强校。

教风：立德修身、严谨诚信、爱心育人、敬业乐群。

学风：敬、进、竞、谨、静、净。

领导作风：科学民主、和善躬行、精诚协作、勤廉高效。

通讯地址：甘肃省临夏市新生路 36 号

邮编：731100

联系电话：0930－6212912

电子邮箱：lxzx3022008@163.com

第五部分

省级示范性高中校园文化建设范例

——兰州市第五十八中学(原兰州炼油厂第一中学)"校园文化建设手册"

学校是孕育文化的场所,传承、修缮、引领文化是现代学校应承担的历史使命。校园文化就如一股清新的春风,唤醒了学校发展的历史厚实感,同时也为学校的价值追求框定了方向。校园文化建设是一个漫长的历史与现实的交融互动过程,需要一大批的文化建设使者,于是,校长、教师、学生因相互的共存性,而成为学校中的文化使者,共同承担起教育兴国的重任。

为此,兰州市第五十八中学推出了"校园文化建设手册",它将以独特的风格和文化内涵,反映出学校的办学理念、精神风貌、价值取向和行为规范。旨在构建一个幽雅清悦的校园环境,建立一套文明合理的校园规章,创造多样富有个性的校园生活,寻求一种求实进取的校园精神。希望通过校园文化的建设来影响每一个师生的观念、行为,营造一个良好的校园文化氛围,提升学校品位,推进师生发展。也希望通过细心感受身边的文化力量,表达出一份对教育的挚爱,携手走出一片兰州市第五十八中学的和谐天地。

一、兰州市第五十八中学
(原兰州炼油厂第一中学)概况

兰州市第五十八中学(原兰州炼油厂第一中学)位于黄河之滨、金城西端,创建于1960年,伴随着我国石化长子兰州炼油化工总厂的发展轨迹不断发展壮大,现已成为一所享誉陇原大地的名牌学校。2000年被评为甘肃省首批省级示范性高中,2008年被省委、省政府命名为"省级文明单位",2008年被确立为新加坡政府资助"初三毕业生赴新留学项目"定点学校,2009年经省教育厅、兰州市教育局批准与澳中文化交流中心合作成为VCE课程学校。

二、学校文化建设总述

兰州市第五十八中学始终坚持用"理念"来构筑发展的基座,用脚踏实地的努力来追求卓越。在"学校发展师生,师生发展学校"的办学理念和"培养优秀教师、优秀学生、出先进的办学经验和理念，坚持走特色名校之路"办学目标指引下，坚持高标准办学，全方位育人，形成了现今学校办学的六大特色即"管理严"，形成了科学、人文、规范的管理文化；"德育强"，培植了和谐、尚美、诚信的育人环境；"师资优"，打造了德高、敬业、艺精的教师团队；"文化浓"，营造了包容、求真、博学的文化氛围；"设施精"，构建了先进、完善、精良的设施条件；"质量高"，达到了文理兼特，优质高率的升学质量。学校已连续20次荣获兰州市省级示范性高中教育质量优秀奖。2005年和2008年在"首批省级示范性高中""省级文明单位"两次验收中得到了省市领导"低进高出、高进优出"和"管理严、德育强""学校已成为西固教育的一张名片，全市文明创建的一面旗帜"的高度评价。学校始终坚持文化建设与人才培养目标、学校发展目标、教师事业发展三统筹，不断增强学校隐性文化的厚重。提出"笃信、养德、励志、博学"的校训，倡导"尊重、珍惜、勤奋、卓越"的品质，秉承"高、严、细、实"的精神，形成了我校师生鲜明的文化特质，取得良好的育人效果。

辛勤浇灌百花艳，质量赢来香满天。展望未来，如何在一流中领先，在领先中超越，在超越中坚持，在坚持中发展，我们信心百倍。兰州市第五十八中学将一如既往地坚持"改革发展，大胆创新"的理念，为甘肃教育事业发展再立新功。

校园文化是先进文化建设的重要组成部分和学校育人的有机组成部分，它对校风、教风、学风的形成和发展起着重要作用，是促进学校全面协调和可持续发展的重要保证。兰州市第五十八中学建校50年来，积淀了较深厚的校园文化底蕴，这是引导和激励一批又一批师生员工不断进取的精神力量。通过校园文化建设的不断深化和拓展，逐步形成与高中教育发展、与学校办学特色相协调的校园文化建设体系，对继承和弘扬兰炼精神，促进物质文明与精神文明的协调发展，全面促进建设全国一流高中奋斗目标的实现，具有十分重要的意义。加强校园文化建设是一项长期而紧迫的任务。面对新形势、新情况、新问题，全校各部门和全体师生必须适应新要求，共同努力，把校园文化建设提高到一个新的水平。

三、学校文化建设指导思想

学校校园文化建设要以马列主义、毛泽东思想、邓小平理论和"三个代表"重要思想以及科学发展观为指导，坚持社会主义先进文化的发展方向，以精神文明建设为核心，以先进的制度文化、行为文化和优良的环境文化为载体，以促进学校的全面发展为目标，提高学校品位，突出"以人为本、和谐育人"的理念，为学生的发展、教师的发展和学校的发展创造优良的人文环境，使学校成为师生身心愉悦、情感陶冶的成长乐园，从而形成能够充分展示我校个性魅力和办学特色的校园文化。

四、学校文化建设目标

充分发挥校园内墙壁、板报、报栏、橱窗、花园乃至一草一木、一砖一石的育人功效，使漂亮的校舍、精良的设备、如茵的花草、高品位的人文景观与学校内在美和谐地统一起来，体现我校的办学实力，展示我校的精神风貌，使我校的校园文化与省级示范中学的品牌相适应。

五、学校文化建设原则

◇ 坚持校园文化的育人观念，坚持人人都是校园文化的建设者和受益者的原则。

◇ 从学校实际出发，坚持继承和创新相结合的原则。

◇ 坚持长远规划，逐步落实，一次到位的原则。

◇ 坚持整体规划，局部实施，分头负责，相互协调的原则。

六、学校文化建设的主要内容

——理念文化系统。通过理念文化建设，把全体师生紧紧凝聚在学校核心精神周围，形成一种较强的向心力和凝聚力，从而塑造兰州市第五十八中学优秀的学校形象、教师形象、学生形象，激发和激励每一名师生奋发进取、自强不息。

——行为文化系统。行为文化建设塑造了广大教职工德高、博学的形象，使每一名学生都能养成举止文明、待人礼貌的良好行为习惯。

——制度文化系统。制度文化建设对学校的全体师生形成一种约束机制，让每一名成员都知道应该做什么、怎样做、不该怎样做，让遵守制度成为每一名成员的自觉行为。

——视觉文化系统。视觉文化系统是学校文化系统最具传播力和感染力的部分。是将学校理念文化系统的非可视内容转化为静态的视觉识别符号，以无比丰富的多样的应用形式，在最为广泛的层面上，进行最直接的传播。设计到位、实施科学的视觉识别系统，是传达学校文化理念、建立学校知名度、塑造学校形象的快速便捷之途。视觉文化系统设计一般包括基础部分和应用部分两大内容。其中，基础部分一般包括：学校名称、学校标徽、标准字体、标准色、辅助图形、标准印刷字体等；而应用部分则一般包括：办公用品类、导示类、服装类、车辆类、公关礼品类、广告礼品类等。

——环境文化系统。环境文化建设营造了一个具有浓厚文化气息和丰富文化内涵的校园环境，使师生置身于其中就可陶冶情操、美化心灵、激发灵感、启迪智慧。

七、学校理念文化系统

学校理念文化是学校文化的核心和灵魂，是对学校传统的继承和发展，通过校徽、校训、校歌、校报、校刊、校风、教风和学风等表现出来。学校理念文化也是学校文化建设所要营造的最高目标。它包括校园历史传统和被校园大多数人认同和遵循的共同的办学理念、思想观念、价值追求等群体意识，是一所学校经过长期积淀形成的深层次的有特色的文化，它对学校的发展能够起到引领作用。

学校将反复向师生宣讲，使全校师生熟知学校理念文化，并努力将兰州市第五十八中学理念文化内化为个人理念信仰，变成个人追求，同时要进一步注重实效，完善校园软件建设，提升校园文化品位，突出特色，充分展现兰州市第五十八中学文化特色。

(一)兰州市第五十八中学办学理念

学校发展师生，师生发展学校。

大学之大在于大师，师者魂也。学校的建设和发展之关键在于人的发展，教师和学生是学校的主体，又是学校发展的主要参与者，同时也是学校建设和发展的出发点和落脚点。在不断地探索和实践中，学校牢固树立新的"学生观""教师观"、转变教育观念，"以师生为中心"，一切围绕师生，做好服务和引导，想尽一切办法提高教师的教学能力和热情，想尽一切办法引导学生的积极性和主人翁精神，用师生的发展带动学校的发展，用学校的发展推动师生的发展，让师生和学校形成良性的互动关系。"把师生放在学校建设和发展的至高位置上"已成为全校师生的共识。"为师生发展、为发展师生"服务已成为学校明确的办学目标。

(二)校训

笃信、养德、励志、博学。

校训是学校历史和文化的积淀，是学校精髓和灵魂的象征，是学校办学理念、办学宗旨和人文精神的集中体现，是师生员工共同遵守的行为规范；校训作为学校精神的内核，也深深砥砺着一代代学子的人格品行，对于激励师生员工弘扬传统，开拓创新，奋发向上，增强荣誉感、责任感和使命感，具有特别重要的意义。经过审视和总结我校40多年办学历史和文化积淀，在广泛征求意见和论证的基础上，2004年确定"笃信、养德、励志、博学"作为我校校训。

校训解读：

笃信：语出《论语·泰伯》。子曰："笃信好学，守死善道。"笃，忠实、忠诚、专一之意；信，是"信仰""信念""信心"之意。"笃信"，意指对道德和事业抱有坚定的信念，能执着于个人的理想信念。

养德：语出《庄子·天地》。庄子认为："通于天地者，德也；行于万物者，道也。"养德，就是培养良好的道德，塑造完美的人格，陶冶优良的品质，发展健康的个性，养成良好的习惯。"万事德为先，先学做人，后学做事。"人生最重要的是做人，要做个好人，就要修心养德，方可厚德载物，成为高尚的人。

励志：语出《白虎通》："励志忘生。""励志"就是磨砺意志。学生成就一番事业，必然要遇到种种困难、挫折和考验，所以没有坚强的意志是不行的，人的意志不是天生坚强而恒久的，而是在学习和成长过程中不断磨砺和锻炼形成的。

博学：语出《论语》。《中庸》说得更详细："博学之，审问之，慎思之，明辨之，笃行之。"博学，一方面指本学科的学习要力求广博而精深；另一方面，还要涉猎和掌握更多的相关学科和日常生活等方面的知识，不仅要学知识，还要学技能，文理兼容，百科兼纳。博学就是强调学生应当综合素质全面发展，成为一个高质量、复合型、博学多才的人。

概言之，我校校训的整体含义是：树立崇高理想，追求美德广知，修养大德大智，促进终身发展。

(三)校风

高、严、细、实。

校风释义：

高：高标准。思想高标准；素质高水平；管理高效能；工作高质量。在教学、管理、服务等方面不断突破环境、素质限制，挑战困难，追求卓越。

严：严要求。制度严谨；组织严密；纪律严明；管理严细。既坚持从严管理，以制度规范为准绳，决不迁就任何无组织、无纪律以及损害学校、班级或他人利益的行为，又倡导和实施以人为本的人性化管理，使师生个性得以充分显现。

细：细工作。思想工作深入细致，管理工作严细到位；教学工作严谨精细；服务工作细心周到。脚踏实地，不心浮气躁，不浅尝辄止，用细致入微的责任心做好每一项工作。

实：求实效。坚持实事求是，一切从实际出发，说实话，干实事，求实效。诚实守信，以踏踏实实的工作，取得优良的业绩。

(四)校歌

《梦想腾飞的地方》（歌词略）。

(五)兰州市第五十八中学学生培养目标

全面发展、突出特长、创新精神、高尚品质。

在以素质教育为导向的现代人才培养方向的指引下，作为素质教育和基础教育的中学阶段，强调对学生全面发展的培养目标，既是社会的需要也是培养学生完善人格的需要。任何最宝贵的价值皆在于其独特性，每个学生都是不同的个体，皆有其潜在的独特发展方向，因此，要在全面发展的基础上突出特长教育、博专结合、互动发展。"承载传统，敢为人先。"未来的社会是创新型社会，未来的人才是创新型人才，创新精神不单是一种素质，更是生存和发展的关键。全面发展、突出特长、创新精神三方面相辅相成，没有"全面发展"就没有特长突现，没有"全面"和"特长"为基础的创新就是空中楼阁水中月。道德优良是衡量人才的基本标准，没有良好的道德指引，任何才能便成为附庸，无所一利。"高尚品质"是学校"育人德为先"的教育观念的具体要求。

学生培养目标的四个方面是校训的具体化实践标准，是学校教育的基本目标和根本所在，也是学校的教育精神直接体现。

(六)兰州市第五十八中学教师誓词

我是光荣的人民教师，我在国旗下庄严宣誓：忠于人民的教育事业，履行教师的神圣职责，贯彻国家的教育方针，全面实施素质教育。爱岗敬业，无私奉献；热爱学生，为人师表；追求真理，崇尚科学；严谨治学，依法执教；注重实践，积极创新；团结协作，勇于开拓；廉洁从教，诚心育人。做学生良师益友，铸教师崇高品德。为中华民族的伟大复兴，为人类社会的文明进步，我愿献出全部力量。

(七)行为文化系统

行为文化是师生在学校教学、教研、学习、生活及文化活动中所表现出的精神状态、道德行为和文化品位，是校园文化建设最终落脚点。以行为文化建设为基础，是校园文化建设的基本要求，贯穿于校园文化建设的全过程。行为文化系统建设要努力塑造"德才双优"的良好形象。师生员工要养成遵纪守法、爱国爱校、明理诚信、团结友善、言行文明、关爱环境的公德意识。

教师要树立以人为本、言传身教、为人师表的师德师风和治学严谨、学风正派、踏实求真的学者风范；管理人员要力求精研业务、科学运作、公正高效，充分发挥协调、管理职责；后勤人员要提高服务水平、强化育人意识。

　　学生要养德立身、早立长志、以学为本、自律自强、尊敬老师、团结友爱、勤奋好学，为实现理想砥砺奋发。

　　逐步建立学校的品牌文化，开展丰富多彩的校园文化活动。重视培育学校特色文体项目，建设好校艺术团和校运动队，发挥它们在宣传学校中的特殊作用。要积极支持、引导、参与学生的文化、实践、艺术、体育社团活动，抓好学生文艺汇演等主题活动，不断提升学生的层次与品位。营造有利于师生实践、创新能力培养的良好环境。

　　建立兰州市第五十八中学的行为文化系统，要求树立的形象：

◆ 领导形象：身先士卒、勤政廉洁的公仆形象；

◆ 教师形象：真才实学、教书育人的师表形象；

◆ 职工形象：敬业爱岗、尽职尽责的奉献形象；

◆ 学生形象：勤奋好学、文明守纪的新人形象。

(八)兰州市第五十八中学主要仪式规范

"圣人有以见天下之动，而观其会通，以行其典礼。"

——《易·系辞上》

1. 开学典礼

【学校开学典礼程序】

第一项：宣布开学典礼现在开始。

第二项：全体起立，奏国歌。

第三项：介绍出席开学典礼的领导。

第四项：宣布表彰决定。

第五项：教师代表发言。

第六项：毕业生代表发言。

第七项：新生代表发言。

第八项：校长作总结发言。

第九项：宣布开学典礼结束，欢送各位领导退席。

2. 升旗仪式

为了深入对师生进行爱国主义教育，进一步规范升旗和早操管理，使我校升降国旗仪式规范化，根据《中华人民共和国国旗法》和《国家教委关于严格升降国旗制度的通知》精神，结合我校实际情况特制定本规定。

【升旗仪式程序】

第一项：全体师生立正，左右前后看齐。

第二项：出旗。鼓号队员奏出旗曲，升旗手持旗，护旗手护旗，正步走向旗杆。全体师生员工面向旗杆站立。出旗手右手擎国旗（旗杆部分贴在右胸前），两名护旗手在出旗手两侧，仪仗队列队在后踏着录音的鼓点，一起正步走到旗杆旁，出旗手上前一步将国旗授给升旗手，一人接旗，一人托旗，保证旗面不落地，做好升旗准备。

第三项：升旗。奏国歌、升旗，现场所有人员都应面对国旗肃立，行注目礼；少先队员行队礼。

第四项：唱国歌。升旗开始后，全体师生高唱国歌。唱国歌时面对国旗立正，行注目礼，目光必须随国旗的徐徐上升上移，不得他顾。在升旗开始时，场外人员不得进入学校大门，由值勤人员加以管理，升旗仪式结束后方可入内。

第五项：国旗下讲话。国旗下讲话由校领导或者每班的"三好学生"、优秀干部和德、智、体各方面表现突出的学生担任，由政教主任或团委书记主持。负责国旗下讲话的领导、教师或其他人员都应认真做好讲话材料的准备，讲话内容应结合学校开展的主题教育活动、结合当前的形势、结合学生的实际，德育领导小组负责收集讲话资料。要求讲话者服装整齐，有讲话稿，简短而主题突出，教育性要强。讲完话宣布仪式结束。

第六项：退场。旗手退场，学生退场，教师队伍退场。

【升旗仪式规范】

(1)每周星期一及重大纪念日上午早操时举行全校性升旗仪式,(假期及遇有恶劣天气可不举行)由学校政教处安排,团委、学生会负责升旗仪式前的各项准备工作。

(2)根据国旗法第七条,国庆节、国际劳动节、元旦和春节,学校升挂国旗。

(3)组织举行升旗仪式时,全体学生统一着校服到操场整队,全体师生精神状态饱满,面向国旗,双手紧贴双腿站好,肃立致敬,行注目礼。不得随身携带包,仪式完毕整队退回到指定地点。

(4)全体师生列队完毕,举行升旗仪式。

(5)升旗仪式结束,全体师生按照疏散顺序排队行进,不得嬉笑吵闹,前后交谈。

(6)每日升降旗(不举行仪式)时,凡经过现场的师生员工都应面对国旗,自觉肃立,待国旗升降完毕时,方可自由行动。

(7)升旗手和护旗手要由学生会负责推选或由各班推荐的代表轮流担任,并经过严格训练后方可执行升旗任务。平时各班级要加强日常列队与行礼的教育与训练,保证升旗仪式的庄重与规范。

(8)每周一升旗仪式,原则上人人必须参加升旗仪式,仪式中不得谈笑、打闹,保持肃静。升旗仪式,可增强学生的国旗意识,使其认识国旗、尊敬国旗、爱护国旗。

(九)军训

古之立大事者,不惟有超世之才,亦必有坚忍不拔之志。

——苏轼

中学生军训是根据《中华人民共和国兵役法》和《中共中央关于教育体制改革的决定》要求进行的,是学生接受国防教育的基本形式;是培养"四有"人才的一项重要措施;是培养和储备我军后备兵员及预备役军官，壮大国防力量的有效手段。

军训的目的是通过严格的军事训练提高学生的政治觉悟，激发爱国热情，发扬革命英雄主义精神，培养艰苦奋斗、吃苦耐劳的坚强毅力和集体主义精神，增强国防观念和组织纪律性，养成良好的学风和生活作风，掌握基本军事知识和技能。

根据《中华人民共和国国防教育法》规定，除大学生外，中小学生也应接受军训。时间一般在9月份开学前或国庆后。

【军训精神】

军训，是新学期的第一课；军训，教我们怎样做人，怎样吃苦耐劳，怎样迎接挑战，怎样把握自由与纪律的尺度；军训，是我们增长才干的机遇，也是对我们的挑战。这要求我们用心融入其中去学习，去锻炼，去磨砺，其目的是：增强国防意识与集体主义观念，深刻领悟"笃信、养德、励志、博学"的真正含义；培养团结互助的作风，增强集体凝聚力与战斗力；军训，还能提高生活自理能力，还能发展自立和独立意识，还能帮助我们养成严格自律的良好习惯。这就需要我们在军训过程中，不但要领略军人们无私奉献的伟大精神以及不怕困难的崇高品质，也要发扬我们"同心协力、艰苦奋斗"的光荣传统。我们要坚持铁一般的纪律，严于律己，服从命令，坚决完成各项训练任务；大家用顽强的意志，发扬"流血流汗不流泪，掉皮掉肉不掉队"的精神，彻底完成军训使命。

(十)毕业典礼仪式

毕业典礼，作为学校的重要仪式，应该成为学校文化的重要组成部分之一。能通过这个简单但庄严的毕业典礼，让初三、高三的学生带着父母的嘱托、老师的厚望、学弟学妹们的祝福，信心百倍地走上考场。让所有的学生觉得曾经在这样一所学校里学习、生活，美好而浪漫；凝聚人心，让所有的教师、家长、学生认同学校的文化，升华对学校的情感。

毕业典礼围绕"感恩、飞翔"为主题进行，分三个篇章，分别是"师生谊""父母恩""同学情"，每个篇章由老师发言、家长发言、学生发言、献花组成。

【典礼程序】

第一项：升旗。

第二项：校长公布毕业生名单、致辞，学生献花。

第三项：年级主任讲话，学生献花。

第四项：家长代表讲话，学生献花。

第五项：最受学生爱戴的老师代表赠言，学生献花。

第六项：毕业学生代表讲话。

第七项：学弟学妹赠送礼物。

第八项：毕业学生宣誓。

第九项：毕业学生最后一次唱响校歌。

第十项：放飞鸽子，典礼结束。

第十一项：毕业学生在老师的夹道欢送中回到教室。

(十一)运动会仪式

运动会是展现自我的大舞台，每一场比赛都是精彩的演出，举办运动会不仅仅是为了展现一个学校的风貌，不仅仅是为了挖掘运动人才，它更重要的意义是将一种不轻言放弃、团结向上和奋勇拼搏的精神传达给场边的所有人，让大家被运动会的氛围感染，让这种精神在大家的生活中延续。参赛队员们经历了从训练到比赛的漫长过程，他们收获了毅力和坚强，观看的同学们在加油时，心情也不断变化，他们会为运动员的每一次跌倒而揪心，为每一个成功而兴奋，为每一次欢庆相拥而感动。这种感受将在今后的学习和生活中伴随每一个人，当我们遇到困境时，就不会再束手无策、举步维艰，运动精神会鼓励我们勇敢面对，一直前行。

【运动会程序】

第一项：校长宣布运动会入场式开始。

第二项：目送国旗、校旗到指定地点。

第三项：升旗仪式：全体起立，升国旗、奏国歌、敬礼。

第四项：校长致开幕词。

第五项：运动员代表宣誓。

第六项：裁判员代表宣誓。

第七项：校长宣布运动会开幕。

第八项：运动员退场，比赛开始。

要求：

1. 学生全员参与、着装统一。

2. 每班学生由高到低的顺序站队，4 路纵队出场，指定一名学生举班牌。

3. 班级队伍整齐、学生精神面貌好，过主席台时齐呼与本次主题有关的班级口号。

4. 各班或各年级要体现自己的特色，可制作标语牌、道具等，形式不限。

5. 每班准备一篇以自己班级特色为主题的解说词。

6. 出场顺序：按从低年级到高年级的顺序出场。

(十二)艺术节仪式

为了丰富学生的第二课堂，活跃校园社团的气氛，使社团活动在同学间更加普及，我校定期举办充满青春活力、蓬勃向上的"艺术节"。艺术节进一步加强了社团间的协作意识，扩大了社团的影响力和号召力，树立了社团在广大学生心目中的形象。同时拓宽了同学的视野，陶冶了同学的情操，给广大同学以发展和展现自我的机会。构建出了文明健康和谐的校园生活。

【开幕式仪式】

第一项：请领导就座。

第二项：学生会及社团组织整体入场。

第三项：升国旗，奏国歌。

第四项：校长致开幕词。

第五项：学生代表发言。

第六项：政教处简要介绍艺术节安排。

第七项：学生才艺展示。

第八项：散会（组织同学安全有序退场）。

(十三)入团仪式

共产主义青年团是在革命的风暴中诞生的，是在艰苦的战斗历程中成长的组织，它是社会主义革命和建设的突击队，是培养建设有中国特色社会主义接班人的大熔炉。它具有漫长的历史，是以马克思列宁主义、毛泽东思想、邓小平理论和"三个代表"重要思想作为指导思想，是先进青年的群众组织，是学习共产主义的大学校。同学们通过入团的考验，在政治上、思想上、生活上、学习上严格要求自己，真正起到共青团员的先锋模范作用，努力学习，积极帮助和团结同学、尊敬老师，关心班集体的各项工作，锻炼自己，服务同学，在做人做事中健康成长，全面发展。

【入团仪式程序】

第一项：奏《团歌》。

第二项：宣读有关文件。

第三项：宣读新团员名单。

第四项：发团员证。

第五项：由老团员给新团员佩戴团徽。

第六项：入团宣誓。

第七项：新团员代表发言。

第八项：老团员代表发言。

第九项：校团委领导讲话。

第十项：请全体起立，奏、唱团歌 。

第十一项：宣布大会闭幕。

(十四)兰州市第五十八中学文明礼仪

【课堂文明礼仪】

1. 预备铃响，迅速进教室坐好，准备好书本文具，静候老师上课，形成上课气氛。

2. 上课前，老师走上讲台后，班长喊"起立"，全体学生起立、立正、齐喊"老师好"；老师回应"同学们好"，班长喊："坐下"后方可坐下。上课不迟到，迟到要"报告"，经老师允许，方能进入教室入座。

3. 听课坐姿正，保持视距，集中思想，专心听讲，积极思考，勤记笔记，不做与本课学习无关的事情。勇于质疑，发问先举手，回答问题时要起立、立正，并用普通话响亮回答。

4. 实验课明确目的，按规定操作，设施、公物要爱惜，认真写实验报告。

5. 自习课保持安静，认真复习或做作业，由班长或副班长负责管理好班级纪律，值日班长认真记录自习情况。

6. 自觉遵守实验室、电化室、微机房、音乐室、美术室及其他专用教室的各项制度。

7. 课前要预习，课后要复习，考试不作弊，考后勤分析，善总结。

8. 冬天不蹬足，夏天不摇扇，不穿拖鞋、背心、裤头、吊带裙等进课堂。

9. 下课铃声响，待老师示意下课，才能整理书籍及学习用品，方可离开座位。出教室不争先拥挤，应让老师先离教室；有人听课，下课应礼让客人先离开教室。

【教室公约】

（1）教室为教学的重要场所，应保持安静，不得在教室大声喧哗、起哄、打闹等。

（2）教室中讲台、课桌、课椅、投影仪及其他设施应保持统一、整齐、清洁，不得任意挪动、拆卸。

（3）教室中的黑板报做到内容健康，排版整齐，书写工整，定期更换。

（4）教室布置应美观大方，可适当张贴伟人像、标语、警句。任何人不得在教室乱贴纸条。

（5）师生进入教室必须注意仪表，严禁穿背心、拖鞋、裤头。女生严禁穿吊带裙或超短裙。

（6）师生共同注意教室整齐清洁，课桌上书籍文具应摆放整齐，不乱抛瓜皮果壳、纸屑，不随地吐痰，不乱涂黑板。爱护公物，严禁在墙壁及课桌上刻字涂画。

（7）本班学生轮流值日，每天放学后打扫地面，擦抹桌凳、讲台，并注意黑板清洁，课前课后擦去无关内容。

（8）注意安全保卫及节约用电，最后离开教室时应关闭门窗，随手关灯。

【校园文明礼仪】

（1）穿戴整洁、朴素大方。头发干净整齐、不烫发、化妆、佩戴首饰。男生不留长发，女生不穿高跟鞋。

（2）养成良好的卫生习惯。不随地吐痰、乱扔废弃物。不吸烟、喝酒。

（3）举止文明。不打人骂人、说脏话。不赌博，不参加封建迷信活动。

（4）情趣健康。不看色情、凶杀、迷信的书刊、影视片，不唱不健康歌曲。

（5）爱惜名誉，拾金不昧，不受利诱，不失人格。

（6）要讲普通话，要使用礼貌用语。讲话注意场合，态度和蔼。

（7）尊重他人的人格、宗教信仰和民族习惯。谦恭礼让，敬老爱幼。尊重妇女，帮助残疾人。遇见外宾，以礼相待，不卑不亢。

（8）尊重教职工，见面行礼或主动问候。回答师长问话要起立，接受递送物品时要起立并用双手。给老师提意见态度要诚恳。

（9）同学之间团结互助，正常交往，真诚相待，不叫侮辱性绰号、不欺侮同学，发生矛盾多作自我批评。

（10）未经允许不进入他人宿舍、动用他人物品、看他人信件和日记。

（11）不随意打断别人的讲话、打扰他人学习工作和休息，妨碍别人要道歉。

（12）惜时守信。答应别人的事要按时做到，做不到时表示道歉，借他人钱物要及时归还。

（13）爱护校舍和公物，不在黑板、墙壁、课桌、布告栏等处乱涂乱画。借用公物要按时归还，损坏东西要赔偿。

（14）爱护公共设施，爱惜花草、树木。保持良好校园环境。

（15）骑自行车者进校门应主动下车，推行入内，校内不得骑车。自行车应在规定地点停放（上锁），排列整齐。

（十五）学生宿舍管理制度

1. 学生入住管理

【学生入住条件】

（1）被兰州市第五十八中学录取或被兰州市第五十八中学批准借读的学生。

（2）兰州市之外的各地、县（州）学生。

（3）家住安宁区、西站以东、西固区河口以西的学生。

（4）家中有特殊情况且经校领导批准的学生。

（5）经医院证明无任何传染疾病的学生。

（6）起始年级的住校生由学校组织体检，经检查身体合格者方可入住。

【学生入住程序】

起始年级（高一）持兰州市第五十八中学录取通知书（复印件）和户口本，被批准在兰州市第五十八中学借读学生持借读缴费单和户口本，由学生家长提出申请，经审查合格后办理入住手续。

（1）在校生由家长提出书面住校申请。

（2）住校生申请由学校校长、政教处主管公寓的主任批准。

（3）学生需持经批准后的住校申请到学生公寓管理人员处办理相关手续。

2. 住校生晚自习的管理

【晚自习学生考勤】

（1）晚自习时间：晚 8：00—10：30。

（2）值班老师按课堂化管理负责年级学生的点名、考勤。

（3）值班老师认真管理并做好值班记录。

【晚自习值班老师的管理】

（1）值班老师严格遵守《兰州市第五十八中学住校生晚自习值班表》安排。

（2）值班老师应及时处理晚自习时学生出现的问题。

（3）对未请假不上晚自习的学生，第二天应及时与政教处和年级组长、班主任取得联系。

（4）值班老师有事必须提前向政教处请假，对无故缺席的值班人员按学校相关规定处理。

【晚自习学生纪律】

（1）凡住校的学生必须在晚 8：00 前到所在教室，10：30 晚自习结束。

（2）晚自习时，学生按照新学期安排的座位就座。

（3）晚自习期间，如有病、有事必须经值班老师同意方可离开教室。

（4）在晚自习期间，学生不许交头接耳，不许听音乐，需要上卫生间的同学时间不超过 10 分钟。

（5）一学期中，晚自习迟到、早退，累计达到 6 次以上者，取消住宿资格。

（6）在晚自习期间不服从值班老师的管理，情节严重的取消其住宿资格。

3. 住校生管理

（1）所有住校生必须服从宿舍管理人员的管理。

（2）同宿舍人员应相互关心、相互鼓励、相互帮助、不拉帮结派，不搬弄是非，要搞好团结。

（3）宿舍内严禁打闹和开过分的玩笑，否则由此产生的后果由当事人负全责，同时还要追究责任。

（4）宿舍内严禁吸烟、喝酒、打架、赌博，宿舍人员有权监督和举报。如发现，按学校规定严肃处理，并取消其住宿资格。

（5）对住校生学习进行跟踪追查，学期考试结束后，对成绩下滑幅度大，自我约束能力差的学生，联系家长劝其搬出宿舍。

（6）每周星期一至星期五期间，住校生不允许回家，确因有急事不能上晚自习者，必须办理请假手续，返校时家长必须签字，否则下次不予准假。

（7）住校生要爱护楼内公共设施，保持楼内清洁卫生，严禁楼内大声喧哗。

（8）凡因正常情况搬出宿舍的学生，要写书面申请，家长签字，政教处批准，到管理人员处办理相关手续后方可离开。

（十六）住校生宿舍卫生管理

1. 住校生要爱护宿舍的门窗玻璃、桌椅板凳、柜子和床等公共财产，造成损坏的必须照价赔偿。

2. 各宿舍推荐舍长一人，负责安排每周卫生值日，对不服从安排的宿舍人员及时向宿舍管理员反映。

3. 严格执行《兰州市第五十八中学住校生卫生检查标准》，管理人员检查发现宿舍卫生不符合要求的，将通知年级组长。由班主任责令其宿舍人员回宿舍打扫卫生，经检查合格后方可回教室上课。

4. 宿舍管理人员每天负责对学生宿舍卫生的检查、监督和整改。

5. 宿舍内严禁私自接拉电源线，严禁熄灯后点蜡烛，否则取消其住宿资格。

6. 每周由宿舍管理员、校团委、学生会对学生宿舍卫生进行一次大检查，汇总每天的检查结果，在周一的学校训导大会上公布结果。

7. 一学期被三次评为最差宿舍者，取消该宿舍全体人员住宿资格，对每学期三次被评为文明宿舍的给予奖励。

【文明宿舍评比办法】

（1）文明宿舍评比根据宿舍卫生、就寝纪律、晚自习纪律、违纪情况综合考评。

（2）宿舍日检查按"优、良、一般、差"四个等级打分。检查内容包括：宿舍卫生、遵守纪律、按时就寝、晚自习情况等。每月进行汇总，其中："优"记5分；"良"记3分；"一般"记2分；"差"记0分。

（3）具体评比办法。

宿舍卫生：符合"文明宿舍"标准得"优"；有一项不符合标准得"良"；有两项不符合标准得"一般"，有一人违纪得"差"。

遵章守纪：无违纪得"优"；有一人违纪得"差"。

按时就寝：熄灯后能按时就寝得"优"；否则得"差"。

晚自习：全勤得"优"；迟到一人次得"良"；缺勤一人次得"差"；不按时回宿舍得"良"；夜不归宿得"差"。

【食堂文明礼仪】

（1）用餐必须按照学校规定的作息时间进食堂用餐。

（2）一律使用学校发行的校园卡，不得使用外来卡和伪造卡。

（3）凭校园卡有秩序地排队购买饭菜，不准插队。

（4）一律在食堂内用餐，不得将饭菜带到教室、宿舍等地方用餐。

（5）用餐必须保持餐桌及周围环境的卫生，剩饭剩菜不能乱倒乱扔，要倒在指定的地方。

（6）要文明用餐，爱惜粮食，勤俭节约，服从管理。对不符合行为规范的行为，学校将根据情节不同，作出严肃处理。

（十七）兰州市第五十八中学社团活动

1. 学生会活动。

2. 团委活动。

3. 英语角活动。

4. 艺术汇演活动。

5. 各种比赛活动。

（十八）兰州市第五十八中学学生社会实践

1. 公益植树。

2. 关爱老人。

3. 雷锋行动。

（十九）红色传承

兰炼精神：兰州炼油厂，是我国"一五"期间的156项重点工程之一，1956年4月动工兴建，1958年9月建成投产，是新中国成立后建成的第一座现代化大型炼油厂，被誉为"共和国炼油工业长子"；经历了"两兰"——"五兰"——"三兰"——"两兰"——"一兰"等一系列重组的过程，成为我省国有企业开创事业、变革求实、适应改革开放步伐的经典例证。兰炼的过去，为共和国的石化事业立下了不朽功勋，填补了国内数不清的空白，培育了数以万计的石化人才，可以说兰炼就是中国石油工业的"黄埔军校"。

20年可歌可泣的艰苦奋斗史和30年改革创业的辉煌发展史成为了兰州市第五十八中学独有的精神财富。站在新世纪的起点上，兰州市第五十八中学秉承了兰炼先辈们"高、严、细、实"的企业精神，并阐发为"只争第一，不言第二"的名校发展战略和"笃信、养德、励志、博学"的学校精神；秉承兰炼"科技兴厂，人才强企"的发展战略和"识才的慧眼，用才的气魄，爱才的感情，聚才的方法"的理念发展为"学校发展师生，师生发展学校"的"人校一体"的办学理念。"兰炼"不仅仅只是一个名称，更是一种精神，一种"敢为天下先、不畏艰难、追求卓越、奋进不息、涅槃重生、开创变革、引领潮流、以人为本"的超时代精神，兰州市第五十八中学必将在这种精神的指引下开创新的辉煌！

兰炼精神不仅仅是企业精神、学校精神，更是每个学生应该具备的红色时代精神。通过组织学生"看望兰炼老干部、听'兰炼人'讲过去的故事、兰炼卫生值日周、汇报演出"等形式学习兰炼精神，把兰炼精神注入每一个兰州市第五十八中学的学子身上，这正是兰州市第五十八中学"质量加特色""学会生存、能够升学""培养人才、德育为先"的育人之路。

(二十) 校园红歌

"红歌"，即红色歌曲，是赞扬和歌颂革命和祖国的歌曲！

"红歌"是一种精神，一唱就来精神。唱"红歌"鼓舞斗志，振奋精神，激励人们发奋图强、团结拼搏、忘我奉献、艰苦朴素、力争上游、永远向前。

"红歌"是一种思念，一唱就怀念老一辈革命家和成千上万为中国革命抛头颅洒热血的革命先烈，一唱就想起在田间、在车间辛勤劳动的农民和工人，一唱就想起在边防、在军营为捍卫祖国保卫家乡而站岗训练的人民子弟兵……

"红歌"是一种憧憬和向往，想到祖国美好的未来和小康社会的明天，想到我们下一代的美好生活、我们光辉灿烂的明天，就感到无比的欣喜和自豪。

【校园红歌曲目】

1. 世纪之歌：《中华人民共和国国歌》、《东方红》、《没有共产党就没有新中国》、《歌唱祖国》、《社会主义好》、《团结就是力量》、《我们走在大路上》。

2. 祖国颂歌：《祖国颂》、《我的祖国》、《唱支山歌给党听》、《妈妈教我一支歌》、《我爱你，中国》、《祖国，慈祥的母亲》、《今天是你的生日，中国》、《祖国，我在你的怀抱里》、《大中国》、《我的中国心》、《中国人》、《龙的传人》。

3. 山河锦绣：《长城长》、《我们是黄河泰山》、《长江之歌》、《黄河源头》、《洪湖水，浪打浪》、《南泥湾》、《边疆的泉水清又纯》、《在那桃花盛开的地方》、《草原上升起不落的太阳》、《我为祖国献石油》。

4. 军旗飘扬：《打靶归来》、《十五的月亮》、《望星空》、《血染的风采》、《当兵的人》、《红星照我去奋斗》、《说句心里话》、《什么也不说》、《小白杨》。

5. 青春无悔：《革命人永远年轻》、《草原之夜》、《少年壮志不言愁》、《中国娃》、《中华民谣》、《亚洲雄风》、《爱我中华》、《毕业歌》、《男儿当自强》。

6. 人间真情：《人间第一情》、《父老乡亲》、《白发亲娘》、《烛光里的妈妈》、《爱的奉献》、《万里长城永不倒》、《真心英雄》。

7. 烽火历程：《四渡赤水出奇兵》、《大刀进行曲》、《长城谣》、《游击队歌》、《在太行山上》、《延安颂》、《黄河颂》、《保卫黄河》、《毛主席话儿记心上》。

8.英雄赞歌：《太阳最红，毛主席最亲》、《春天的故事》、《七律·长征》、《沁园春·雪》、《红梅赞》、《我为共产主义献青春》、《英雄赞歌》、《为人民服务》、《为了谁》。

9.再创辉煌：《中国，中国，鲜红的太阳永不落》、《祖国，我为你干杯》、《中国永远收获着希望》、《走进新时代》。

（二十一）革命烈士纪念活动

兰州市烈士陵园是当年兰州战役主战场之一，坐落于沈家岭北麓，与横穿市区的黄河遥遥相对。红25军军长吴焕先、甘肃工委副书记罗云鹏、解放兰州时壮烈牺牲的王学礼等917名革命先烈安葬于此。

陵园苍松翠柏伫立四周，静默肃穆，人民英雄纪念碑直指蓝天，周围花团锦簇，在巍巍青山的掩映下越显刚劲庄严，令人敬仰。为纪念这个有着深远意义的日子，缅怀革命先烈，弘扬爱国主义精神，加强爱国主义教育，引导广大学生树立正确的世界观、人生观、价值观，促进我校精神文明建设。我校举行"缅怀革命先烈，清明节扫墓"活动。

多年前长眠于此的英烈们没有被后人遗忘，清明时节，兰州市第五十八中学预备党员、入党积极分子、团员为烈士扫墓，我们相信先烈们的精神永不过时，光照华宇。如果一个人、一个时代忘了过去、忘了为自己带来好处的先民，不论是人还是时代都是很不完整的，也是很危险的！提倡纪念先烈、缅怀先烈不仅有教育的需要，更具有很现实的意义！继承先烈的爱国主义精神和大无畏精神，不怕牺牲，甘于奉献，为信念和理想奋斗终生！

【烈士陵园扫墓活动仪式】

第一项：请预备党员、入党积极分子代表为革命先烈献花圈。

第二项：全体默哀1分钟。

第三项：介绍先烈事迹和烈士陵园迁建情况。

第四项：请预备党员代表发言。

第五项：学生入党积极分子代表发言。

第六项：请全体预备党员和入党积极分子跟带队老师一起进行励志宣言。

第七项：开始扫墓。

【宣誓誓词】

我们宣誓：继承先烈遗志，高举时代旗帜，让星星火炬代代相传，强国路上奋勇向前。练好本领，增强素质，为祖国的富强和民族的强盛作出自己的贡献！先烈安眠！

（二十二）制度文化系统

校园制度文化建设是校园文化活动开展的基础和保证。校园制度文化作为校园文化的内在机制，包括规章制度、道德规范、人际交往方式、文娱活动方式等，是学校的行为规范，是维持学校正常秩序必不可少的保障机制，是校园文化的生命力所在。学校要动员全体师生参与制度建设，在学校、处室、年级、班级不同层面上构建制度体系，并注重培养师生的制度意识，把执行制度变为师生的自觉行为。

制度本身就是一种文化，因此制度形成必须由管理者和师生共同参与制订，这样形成的制度，才能显出它的优越性并转化为全体师生主动遵守的制度。学校要进一步加强学校各项规章制度的制定和完善，形成富有人文特征的兰州市第五十八中学制度文化。

要按照"科学、全面、规范、严格"的要求，建立、健全校园文化管理制度。学校的校规、校纪、教学及管理制度要"全"，做到事事有章可循；内容要"细"，条例明确，操作性强；执行要"严"，纪律严明，赏罚分明，做到有章可依，公开、公平、公正；坚持民主议事制度，充分发扬民主，学校重要事务通过校务会讨论后予以发布执行；坚持依法治校、依法执教，做到以法律为依据，照规章制度行事，文明治校，文明执教。

要通过多种形式的学生自律活动，增强学生自我教育、自我管理、自我服务、自我完善的能力，做到以制度制约人、规范人、影响人、发展人，既要民主管理、自主管理，又要形成既有统一意识又有个性发展的生动活泼的制度环境。（规章制度详细见《兰州市第五十八中学中学生手册》、《兰州市第五十八中学教职员工手册》）

（二十三）视觉文化系统

1. 基本设计系统

——标准标志

——标志（校徽）

——校徽意释

——校徽标准制图

——标准色彩

——标准字体（中文、英文）

2. 应有设计系统（办公用品）

——名片 ——胶带座

——信封 ——台历

——信纸 ——证件

——便笺 ——手提袋

——光盘签 ——纸杯

——调研报告书 ——文件袋标签

——传真纸头 ——桌旗

——笔 ——徽章

——订书机

3. 公共设施门牌

——男、女洗手间

——自行车停放处

——公用电话

4. 区域分布标识类

——学校方位指示牌

——车辆行驶、停放标识牌

——班级门牌

——公共设施门牌

——禁声

——禁烟

——安全条

5. 服装类

——T恤衫

——工作装

——帽子

6. 运输工具类

——大巴车（正面、背面）

——校旗（标准同校徽）

——竖旗

（二十四）环境文化系统

——校园主要景观文化（略）

——走廊文化（略）

——班级文化（略）

——宿舍文化（略）

——食堂文化（略）

——体育场文化（略）

（二十五）还应该有校史、校刊

第六部分

甘肃省会宁县努力发展高中教育的典型经验

编者按语： 会宁县教育是甘肃省教育的一面旗帜。其核心价值在于在艰苦的环境里，在贫穷的条件下，克服重重困难，深刻认识教育的价值，举全县之力大办教育，以教育质量的社会效益来回馈政府对教育的投入、家长对教育的投入和学生对学习的付出。长期坚持发扬"五苦"的会宁教育精神，认定教育改变命运，促进人人享受优质教育资源。会宁教育精神所体现的"苦"，并不是以学生的身心健康为代价，更不是强制性的让学生从事自己不愿意干的事情，而是让学生心甘情愿地进入一种"乐学"的境界、保持勤奋学习的心态、树立孜孜追求的精神，它体现了"以人为本"理念的校风，遵循了教育内在规律的教风，激发了符合学生认知特点和成长规律的学风，更是激发了一种自觉自愿的、发自内心的原动力。这是人心所向，民意所在，充分反映了政府的信心、家长的希望，认真履行了各部门的职责。会宁教育以普通高中教育能够源源不断地向全国重点高校输送优秀拔尖人才而名扬天下，甘肃穷省办大教育，普遍需要发扬会宁教育精神。

会宁县普通高中教育改革发展情况

白银市会宁县教育局

（2010 年 11 月）

会宁县位于甘肃省中部、白银市南端，辖 22 个乡，6 个镇，58.18 万人，其中农业人口 53.86 万。境内有汉、回、东乡等 6 个民族，总流域面积 6439 平方公里。会宁是红军会师圣地，也是国家扶贫开发重点县。2009 年，全县实现生产总值 28.49 亿元，完成财政一般预算收入 3152 万元，农民人均纯收入 2351 元。全县现有各级各类学校 505 所，其中普通高中 5 所；教师 7985 人，其中普通高中专任教师 1005 人；在校学生 144186 人，其中普通高中学生 19597 人。

改革开放以来，县委、县政府坚持教育优先发展的地位不动摇，带领全县人民发扬红军会师精神，在实践中探索和总结出了"领导苦抓、家长苦供、社会苦帮、教师乐教、学生乐学"的"三苦两乐"办教育精神，走出了一条贫困地区自力更生、艰苦奋斗办教育的新路子，教育事业长足发展，赢得了"高考状元县"和

"西北教育名县"的称誉。自恢复高考制度以来，累计向全国各大中专业院校输送优秀毕业生近 7 万名，其中获得博士学位者 1000 多人，获得硕士学位者 5000 多人。2010 年，全县高考二本院校上线 3510 人，其中重点大学上线 1123 人，上线绝对人数位于全省县区前茅。

一、改革和发展高中教育所做的主要工作

(一)落实教育优先发展战略，加快高中教育事业发展

教育的发展固然取决于一定水平上经济的发展，但这并不是唯一的因素。就教育自身发展而言，关键在于对教育的态度和认识。为此，会宁教育在改革与发展中力图突破经济的束缚，在内涵发展上求卓越。多年来，我县把适度超前发展高中教育作为促进经济社会发展的基础工程和"民心工程"，认真落实教育尤其是高中教育优先发展的战略地位，竭尽全力实现发展的跨越。

一是优化布局。早在 1985 年，会宁一中、会宁二中就剥离了初中部，集中精力办高中，1998 年新建会宁四中，2003 年又新建会宁五中。从 2004 年起，我县相继开办桃园中学、秦陇中学和会州中学三所民办高中学校。继 2003 年会宁二中被评为市级示范性高中、2004 年会宁一中被评为省级示范性高中之后，会宁三中、会宁四中、会宁五中相继跨入市级示范性高中和市级、省级标准化学校行列，高中学校的综合办学水平逐年迈上新台阶。近年来，全县进一步调整中小学布局和教育结构，撤乡并校，优化资源配置，改革和调整中等教育结构，加大职业教育发展步伐，全县教育已经由单一的普通教育趋于多元、多层、多向结构的综合发展，会宁也正由一个教育大县向教育强县迈进。

二是加大投入。针对优质教育资源相对不足，办学规模不能满足社会需求的现状，在县级财力十分有限的情况下，县上提出

了"用明天的钱办今天的事"的思路，通过积极争取国家、省、市专项资金，学校自筹，社会各界捐助等渠道筹措高中教育经费的同时，采取政府担保、银行借贷、部分贴息等办法。近三年来，共筹措高中教育建设经费 5000 多万元，着力加强高中学校基础设施建设，改善高中学校办学条件。其中会宁一中建设了科技综合楼、综合实验楼和学生宿舍楼；会宁二中建设了单身教职工宿舍楼、教学综合楼、学生食堂、风雨操场；会宁三中建设了教学楼、学生公寓楼、学生食堂；会宁四中新建了学生食堂。目前，各高中都装备了能基本满足学生学习及生活需要的实验室、仪器室、图书室、阅览室、电教室、医务室、体育场馆、学生食堂等，学校校园布局规范合理，教育教学设施基本齐全，学校办学水平、教学质量得到了全面提升。

（二）深化教育管理改革，促进高中教育可持续发展

大力发展高中教育，我们始终坚持软硬件并举，同步发展，以质量为中心，不断深化教育管理改革，促进高中阶段教育的可持续发展。

一是深化管理体制改革，增强学校自主办学和自主发展的能力。县上以高中教育为龙头，实行党政组织议教制度和主要领导联系学校制度。县委、县政府每年至少召开一次高中教育工作会议，县上"四大家"主要领导和分管领导每人至少联系 1 所高中学校，定期深入学校进行调查研究，及时为学校排忧解难。每年年初，县教育局都要与各高中学校签订以经费筹措、基础设施建设、教师培养培训、教育教学质量等方面为内容的目标管理责任书，明确任务，落实责任，年终由"四大家"分管领导带队，统一检查验收，严格兑现奖罚。教育行政部门对各高中学校的指导，主要在于帮助解决办学困难、规范办学行为、提升办学水平和能力；在学校的内部管理上，则大胆放权，逐步探索建立学校自主发展、政府依法管理、政策导向助推的现代管理制度，学校管理

水平和竞争能力不断提升，高中学校得到生动活泼的发展。

二是深化人事制度改革，激发教师队伍的内在活力。随着高中新课程改革的实施和高考改革的不断深化，把加强高中教师队伍建设始终作为当务之急和"重中之重"，树立"人本"和"能本"管理理念，全面推行教师全员聘用制和岗位聘任制，使能者上、庸者让，让能者有为、能者有位；按照效率优先、兼顾公平的原则，进一步深化以学校内部分配制度改革为核心的人事制度改革，完善能够充分体现教职工职责、绩效和报酬"三位一体"的激励机制，极大地调动了广大教职工特别是一线骨干教师的积极性；通过多种途径提高教师学历合格率，大力实施"青蓝工程""名师工程"等，促进了教师整体素质的提升，专任教师学历达标率达 80％以上，优秀教师群体日益壮大。

三是深化评价机制改革，建立科学的质量保障体系。坚持高一招生统招和"三限"政策，保证学生的入口质量；剥离各高中高三补习班，提高高考应届生升学率；实行高中质量跟踪管理制度，统一组织高中各学科质量检测，对各高中教育教学质量的评估和管理更趋精细和公平；组织高中教育教学工作现场会、高考备考研讨会等研讨会议，打破以前各高中互相封闭、各自为战的局面，进一步加强了考前方向性、目标性的指导；开展多层次教研活动，先后在全县总结、推广了二十余种符合实际的、具有个人或学校特色的高中优秀教学方法；稳步推进高中新课程改革，从完善课程体系、改革教学方式、提高课堂效率入手，培养学生的创新精神和实践能力，全面实施育人目标，不断提高教育教学质量。

二、会宁县高中教育发展的基本经验和体会

(一)基本经验

1. 尊重高中办学自主权,鼓励高中特色发展。首先赋予用人自主权,学校中层领导配备、学科教师的调整充分尊重校长及学校的意愿;其次赋予教师招录自主权,无论是从应届大学毕业生中选拔,还是从初中优秀教师中招考,均由各高中学校自主进行;最后赋予内部管理自主权,鼓励不同学校办出不同特色,会宁一中、会宁二中偏重于奥赛特长生培养,会宁三中、会宁四中、会宁五中分别偏重于音、美、体特长生培养,每年都为高等院校输送特长生数十名甚至100多名。

2. 均衡配置资源,引导高中有序公平竞争。第一,均衡生源配置。县上实行高中学生统招政策,由学生自主填报志愿,县上统一组织招考,统一划档录取。根据学校实际和办学水平,会宁一中、会宁二中为一个层面,由教育局根据统考成绩统一调配;会宁三中、会宁四中、会宁五中为一个层面,由学校根据学生志愿和成绩录取,从而形成了招考合理化、竞争公平化的格局,避免了学校之间的无序竞争,便于高中进行检测和评估。第二,均衡硬件设施建设和配置。近年来会宁县共多渠道筹措资金1.3亿元,完成5所高中校舍,总建设面积10万多平方米,各高中学校的办学条件整体得到提升。第三,均衡教师资源配置。县教育局在配置教师时,充分考虑各高中学校的需求,考虑教师的专业学历、年龄结构,考虑薄弱学校和薄弱学科的实际需要,不强求一律,也不厚此薄彼。同时在全国教育名县江苏省如东县建立高中教师培训基地,已为各高中学校培训骨干教师100多名。第四,在学生资助上也力求体现均衡。主要表现在品学兼优、家庭经济困难学生资助班的组建上。目前,会宁县各高中学校都有资

助班级，有效解决了家庭经济困难学生上高中难的问题。

3. 加强高中宏观调控，建立高中评价体系。第一，规范办学行为。教育局实行严格的高一招生"三限"政策，限人数，限班数，限班额。第二，加强过程管理。实施高中各学科质量定期检测制度，对检查结果进行有效分析、科学对比，及时召开反馈通报会议，分析研究解决问题。第三，实行目标管理。推行增值评价，将评价结果作为对学校、校长及教师年终考核的重要依据。第四，建立激励机制。制订了《高中教育教学质量评估方案》，并进行年度评估，在每年召开的全县教师节表彰大会上，对评估优秀的学校予以表彰奖励。

4. 发挥教研引领作用，走教科研强校之路。第一，重视入校调研。每学期有目的、有计划、有针对性地进行高中教学调研，全面了解掌握各高中学校教学状态。第二，举办主题研讨。每年组织全县高中进行以课堂教学为抓手、以优质课竞赛为载体、以"开展有效教学主题研讨，构建高效课堂教学体系"为主题的大型教研活动。第三，实施质量检测。每年度全县高中各年级质检考试（或期中、期末考试）结束后，进行试题总体评价、质量总体评价和各科试卷分析，然后作出全县和学校的定量定性分析，学校作出从学校到班级（科任教师）的数据分析，班主任和学科教师作出从班级到学生个体的分析，根据分析，寻找差距，制定落实整改措施。第四，狠抓高考备考。

（二）工作体会

多年来，会宁教育长足发展，得到各级领导、社会各界和众多媒体的关注和肯定。胡锦涛总书记在关于会宁教育的谈话中，充分肯定了会宁的"教育移民"现象。温家宝总理在多次的谈话和批示中，给予会宁教育深切关怀和殷切期望。新华社、《人民日报》、《光明日报》、《人民教育》、《中国教育报》、《甘肃日报》等报刊和中央电视台、中国教育电视台、甘肃电视台等多家电视台都在重要版面和黄金时间，先后从多方面介绍和肯定会宁教育经验。会宁教育之所以能取得这样的成绩，是崇文重教的优良传统使然，是深厚的文化底蕴使然，是领导苦抓、家长苦供、社会苦帮、教师乐教和学生乐学的"三苦两乐"精神使然。尤其是会宁多年形成的"三苦两乐"精神，是会宁教育宝贵的精神财富，是会宁教育振兴的根本原因，是推动会宁经济发展和社会全面进步的动力源泉。

1. 领导苦抓，体现了会宁县县委、县政府把教育摆在优先发展战略地位的信心和决心。在会宁经济社会发展的各个历史时期，历届县委、县政府顺应形势发展需要，把握时代发展脉搏，始终不渝地坚持把教育作为发展会宁的百年大计和振兴会宁的根本战略。在千方百计改善广大人民群众的生产、生活条件的同时，不约而同地形成了要改变贫困落后面貌、促进经济社会全面发展，必须优先发展教育的共识。体现在政府行为中，就是不断加大对教育事业的投入，按时足额发放教职工工资，加大教育基本条件改善力度。正是这种可贵的重教精神，引导全县上上下下、方方面面的力量向教育聚集，为教育事业持续、快速、协调、健康发展营造了良好环境，提供了良好机遇，创造了良好条件，使会宁教育在艰苦环境中崛起和发展。

2. 家长苦供，体现了广大家长把教育视作传承文化传统、向往现代文明的追求和信念。会宁地处偏僻，基本的经济形态一直是以雨养农业为主，但历史悠久，农耕文化和儒家文化底蕴深厚，崇文重教、耕读传家一直是世世代代老百姓谕人理家的规范，"一等人忠臣孝子，两件事读书耕田"始终是普通家庭及其成员推崇的人生信条。无论何时何地，无论从事什么样的职业，各个社会阶层对教育情有独钟，对读书的追求始终没有改变，形成了尊重知识、尊重人才、追求现代文明的良好社会风尚。

3. 社会苦帮，体现了社会各界把教育作为开发人力资源、实现脱贫致富根本的远见和期盼。会宁人执着办教育的精神赢得了海内外社会各界的广泛关注，亲朋互助、邻里互帮、投资办学、捐资助学、兴学重教蔚然成风。多少年来，在外地工作的会宁籍有识之士牵线搭桥、捐资捐物、兴学重教、反哺家乡；社会各界仁人志士慷慨解囊，为会宁的教育事业尽心尽力。据不完全统计，近 20 年来，海内外各种基金会、军队系统、社团组织、企事业单位、志士仁人和全县干部群众累计为会宁教育捐款、捐物达 2 亿多元，先后援建学校 90 多所，资助学生 10 万多人次。所有这些关怀和厚爱，有力推动了会宁教育事业的发展。

4. 教师乐教，体现了广大教师把教育事业作为实现自我价值、成就幸福人生的境界和情怀。教育大计，教师为本。会宁的教育质量和高考辉煌，与一大批各级各类具有良好科学素质的教师密切相关。会宁的教师把教书育人作为一项事业，"得天下英才而教之"，乐在其中，从而形成了求真创新、无私奉献的科学精神。会宁的教师把教书育人作为一门科学，坚持科学发展观，遵循教育规律，把教育理论和教学实践结合起来，形成了严谨务实、与时俱进的科学态度。会宁的教师把教书育人作为一门艺术，百花齐放，百家争鸣，形成了"教学有规、教无定法、广采百家、自成一格"的科学方法。可贵的是，这种科学精神、科学态度和科学方法已经成为广大教师世界观、人生观和价值观的有机组成部分，成为广大教育工作者立身处世、为人师表的灵魂和品质。

5. 学生乐学，体现了莘莘学子把求学作为成人成才、报效祖国的必由之路。"知识改变命运，教育成就未来。"会宁的孩子和别人不比家庭穷富，不比父母做官大小，而是比学习、比未来，看谁的学习成绩好，看谁拥有灿烂的明天。家庭的耳濡目染、学校的言传身教、社会的潜移默化造就了一代又一代敏而好学、奋发图强、乐观向上、立志成才的会宁学子，他们走出大山深处，走向大江南北，走向世界各地，在不同的岗位上为建设家乡、建设祖国贡献着自己的聪明才智。

三、目前的困难和今后的发展思路

受经济条件、教育资源、管理水平等多方面因素的制约和影响，会宁县高中教育仍然存在许多困难和问题，还不能完全适应高中新课程改革和高考改革的需要。一是建设经费投入不足，缺乏发展高中教育的项目和经费，学校的基础设施建设相对薄弱，家庭经济困难学生大面积存在。二是师资水平相对较低，受经济发展水平限制，缺乏吸引高学历师资的优势，教师培养、培训不能有效跟进，教师队伍整体水平难以提高。三是管理理念相对滞后，不能及时吸收内化先进的办学思想，在扎实上下的工夫多，在改革上迈的步子小，还没有形成一所质量保证一流、特色非常鲜明的品牌学校。

新课程改革是发展普通高中教育必须跨越的一道门槛，是高中教育面临的一次严峻考验，必须坚持既积极又稳妥的原则，循序渐进，因地制宜，科学推动，勇于创新。结合会宁实际，在新课程背景下，为加快高中教育改革发展步伐，我们提出：以政府为主导，以学校为主体，以改善办学条件为基础，以规范高中学校办学行为为前提，以转变办学观念为引领，以教师培训为核心，以课堂教学为重点，以教学研究为抓手，走出一条新课程背景下普通高中学校改革创新的内涵特色发展思路，最终实现学生素质的全面提升、学生的全面发展和高考升学率的稳步提高。一是严格规范高中学校办学行为，整合、挖掘、培育并不断形成新的高中教育资源，确保高中优质资源配置对新课程改革的最大支持；二是大力推进素质教育，形成适应新课程实验要求的高中教育教学理念、方式和模式；三是继续加大高中教育经费投入，逐步夯实适应新课程实验要求的办学条件；四是努力构建适应新课程实验要求的高中课程体系，加强校本课程开发实践，推进特色高中建设；五是大力提高教师专业化发展水平，培养一批名师，建立一支适应新课程实验要求的教师队伍。

附 录

甘肃省现有普通高中学校名录

甘肃省现有普通高中学校名录

所属地区	数量(所)	学校名录
省教育厅直属	2	甘肃省兰州第一中学(城关区) 西北师范大学附属中学(安宁区)
兰州市	61	兰州市第二中学(城关区)　兰州市第三中学(城关区) 兰州市第四中学(七里河区)　兰州市第五中学(城关区) 兰州市第六中学(西固区)　兰州市第七中学(城关区) 兰州市第九中学(七里河区)　兰州市第十中学(城关区) 兰州市第十四中学(城关区)　兰州市第十八中学(红古区) 兰州市第二十中学(安宁区)　兰州市第二十四中学(红古区) 兰州市第二十六中学(红古区)　兰州市第二十七中学(城关区) 兰州市第二十八中学(西固区)　兰州市第二十九中学(七里河区) 兰州市第三十一中学(七里河区) 兰州市第三十三中学(原兰州大学附属中学,城关区) 兰州市第三十四中学(七里河区)兰州市第五十中学(西固区) 兰州市第五十一中学(原兰州铁路局第一中学,城关区) 兰州市第五十二中学(原兰州铁路局第二中学,城关区) 兰州市第五十三中学(原兰州铁路局第三中学,城关区) 兰州市第五十五中学(原兰州铁路局第五中学,七里河区) 兰州市第五十七中学(原万里中学,安宁区) 兰州市第五十八中学(原兰州炼油厂第一中学,西固区) 兰州市第五十九中学(原兰州炼油厂第二中学,西固区) 兰州市第六十中学(原兰州炼油厂第三中学,西固区) 兰州市第六十一中学(原兰州化学工业公司总校第一中学,西固区) 兰州市第六十三中学(原兰州化学工业公司第三中学,西固区) 兰州市第六十四中学(原兰州化学工业公司第四中学,西固区) 兰州市第六十六中学(原兰州石油公司中学,七里河区) 兰州市第七十中学(原兰州碳素厂中学,红古区) 兰州市第七十一中学(原兰州矿务局第三中学,红古区)

所属地区	数量(所)	学校名录	
		西北师范大学附属实验中学(安宁区)	
		兰州科技外语学校(榆中县和平镇)	
		兰州科学院中学(城关区)	兰州市民族中学(城关区)
		兰州新亚中学(城关区)	兰州九洲中学(城关区)
		兰州成功学校(榆中县和平镇)	兰州东方中学(安宁区)
		兰州外国语高级中学(城关区)	兰州市西北中学(七里河区)
		皋兰县第一中学(县城)	皋兰县第二中学(县城)
		永登县第一中学(县城)	永登县第二中学(红城镇)
		永登县第三中学(河桥镇)	永登县第四中学(民乐乡)
		永登县第五中学(秦川镇)	永登县第六中学(县城)
		永登县连铝中学(河桥镇)	永登县西铁中学(连城镇)
		永登县登青龙中学(县城)	榆中县第一中学(县城)
		榆中县第二中学(三角城乡)	榆中县第五中学(定远镇)
		榆中县第七中学(甘草店镇)	榆中县恩玲中学(县城)
		榆中县职教中心(县城)	
白银市	27	白银市第一中学(白银区)	白银市第二中学(白银区)
		白银市实验中学(白银区)	白银市第五中学(平川区)
		白银市第八中学(白银区)	白银市第九中学(平川区)
		白银市第十中学(白银区)	白银市银光中学(白银区)
		白银市阳光高级中学(白银区)	白银市育正学校(白银区)
		白银市新干线高中(白银区)	白银市平川中学(平川区)
		白银市中恒学校(平川区)	白银市寄宿制高中(白银区)
		会宁县第一中学(县城)	会宁县第二中学(县城)
		会宁县第三中学(河畔镇)	会宁县第四中学(县城)
		会宁县第五中学(县城)	靖远县第一中学(县城)
		靖远县第二中学(县城)	靖远县第三中学(县城)

普通高中教育的精气神

所属地区	数量（所）	学校名录	
		靖远县第四中学（县城）	靖远师范学校（县城）
		景泰县第一中学（县城）	景泰县第二中学（县城）
		景泰县第五中学（县城）	
定西市	44	定西市第一中学（安定区）	安定区东方红中学（安定区）
		安定区中华路中学（安定区）	定西英才高级中学（安定区）
		安定区内官营中学（内官营镇）	安定区宁远中学（宁远镇）
		安定区巉口中学（巉口镇）	安定区香泉民族中学（香泉镇）
		安定区西巩驿中学（西巩驿镇）	定西博源中学（安定区）
		安定区五丰综合中学（安定区）	安定区成功中学（安定区）
		通渭县第一中学（县城）	通渭县第二中学（县城）
		通渭县榜罗中学（榜罗镇）	通渭县鸡川中学（鸡川镇）
		通渭县马营中学（马营镇）	通渭县李店中学（李店乡）
		通渭县义岗中学（义岗镇）	陇西县第一中学（县城）
		陇西县第二中学（县城）	陇西县巩昌中学（县城）
		陇西县通安中学（通安乡）	陇西县首阳中学（首阳乡）
		陇西县文峰中学（文峰镇）	陇西县育才中学（县城）
		渭源县第一中学（县城）	渭源县第二中学（会川镇）
		渭源县莲峰中学（渭源镇）	临洮县中学（县城）
		临洮县第二中学（县城）	临洮县第三中学（太石镇）
		临洮县第四中学（新添镇）	临洮县文峰中学（县城）
		临洮县窑店中学（窑店镇）	临洮县衙下中学（衙下镇）
		临洮县育霖中学（县城）	漳县第一中学（县城）
		漳县第二中学（新寺镇）	岷县第一中学（县城）
		岷县第二中学（县城）	岷县第三中学（中寨镇）
		岷县第四中学（闾井镇）	岷县蓓蕾中学（县城）

所属地区	数量(所)	学校名录	
天水市	46	天水市第一中学(秦州区)	天水市第二中学(麦积区)
		天水市第三中学(秦州区)	天水市第四中学(秦州区)
		天水市第五中学(秦州区)	天水市第六中学(秦州区)
		天水市第八中学(麦积区)	天水市第九中学(麦积区)
		天水市第十中学(麦积区)	天水长城中学(秦州区)
		天水市蓓蕾高中(秦州区)	秦州区太京中学(太京镇)
		秦州区借口中学(借口镇)	秦州区牡丹中学(牡丹镇)
		秦州区平南中学(平南镇)	秦州区汪川中学(汪川镇)
		新阳中学(麦积区新阳镇)	梅兰中学(麦积区)
		启升中学(麦积区)	文正中学(麦积区)
		甘谷县第一中学(县城)	甘谷县第二中学(新兴镇)
		甘谷县第三中学(安源镇)	甘谷县第四中学(盘安镇)
		甘谷县第五中学(金山乡)	甘谷县第六中学(新兴镇)
		像山中学(县城)	育才中学(县城)
		秦安县第一中学(县城)	秦安县第二中学(县城)
		秦安县第三中学(叶堡镇)	秦安县第四中学(五营乡)
		秦安县第五中学(县城)	秦安县西川中学(西川镇)
		秦安县郭嘉中学(郭嘉镇)	秦安县魏店中学(魏店乡)
		秦安县民生中学(县城)	武山县第一中学(县城)
		武山县第二中学(洛门镇)	武山县第三中学(县城)
		武山县第四中学(洛门镇)	清水县第一中学(县城)
		清水县第六中学(县城)	张家川县第一中学(县城)
		张家川县第二中学(龙山镇)	张家川县第三中学(县城)

所属 地区	数量 (所)	学校名录	
陇南市	31	陇南市第一中学(武都区)	陇南市武都第二中学(武都区)
		武都区两水中学(龙山镇)	陇南扬名中学(武都区城关镇)
		武都八一中学(安化镇)	武都区洛塘中学(洛塘镇)
		武都白林中学(两水镇)	文县第一中学(县城)
		文县第二中学(碧口镇)	文县第三中学(石坊镇)
		文县第四中学(桥头镇)	康县第一中学(县城)
		康县第二中学(长坝镇)	成县第一中学(县城)
		成县第二中学(小川镇)	成县第三中学(抛沙镇)
		成县第四中学(红川镇)	西和县第一中学(县城)
		西和县第二中学(县城)	西和县第三中学(洛峪乡)
		西和县第四中学(长道镇)	礼县第一中学(县城)
		礼县第二中学(盐关镇)	礼县实验中学(县城)
		徽县第一中学(县城)	徽县第二中学(江洛镇)
		徽县第三中学(伏家镇)	两当县第一中学(县城)
		宕昌县第一中学(县城)	宕昌县沙湾中学(沙湾镇)
		宕昌县哈达铺中学(哈达铺镇)	
甘南藏族 自治州	16	合作第一中学(合作市)	合作第二中学(合作市)
		合作藏族中学(合作市)	合作市中学(合作市)
		临潭县第一中学(新城镇)	临潭县第二中学(县城)
		碌曲县中学(县城)	碌曲县藏族中学(县城)
		玛曲县藏族中学(县城)	迭部县藏族中学(县城)
		迭部县高级中学(县城)	夏河县中学(县城)
		夏河县藏族中学(县城)	舟曲县第一中学(县城)
		卓尼县第一中学(县城)	卓尼县藏族中学(县城)

所属地区	数量(所)	学校名录	
临夏回族自治州	18	临夏中学(临夏市)	临夏回民中学(临夏市)
		临夏志成中学(临夏市)	临夏河州中学(临夏市)
		临夏县中学(县城)	临夏县土桥中学(土桥镇)
		康乐县第一中学(县城)	康乐县第二中学(景古乡,已不招生)
		康乐县第三中学(苏集镇)	和政县中学(县城)
		广河县中学(县城)	广河县第二中学(三甲集镇)
		永靖县中学(县城)	
		永靖县移民中学(原水乡中学,县城)	
		积石山县吹麻滩中学(吹麻滩镇)	东乡县民族中学(县城)
		东乡县第二中学(唐汪镇)	东乡县第三中学(河滩镇)
嘉峪关市	3	嘉峪关市第一中学(嘉峪关市)	
		嘉峪关市第二中学(嘉峪关市)	
		嘉峪关酒钢第三中学(嘉峪关市)	
金昌市	7	金昌市第一中学(金川区)	金昌市第二中学(永昌县)
		金昌市第四中学(金川区)	金川公司第一中学(金川区)
		永昌县第一中学(县城)	永昌县第三中学(县城)
		永昌县第四中学(县城)	
酒泉市	16	酒泉中学(肃州区)	酒泉市实验中学(肃州区)
		酒泉市第一中学(肃州区)	肃州中学(肃州区)
		酒泉育英中学(肃州区)	玉门高级中学(玉门市)
		玉门市第一中学(玉门市)	玉门油田外国语高级中学(肃州区)
		敦煌中学(敦煌市)	敦煌市第三中学(敦煌市)
		金塔县中学(县城)	瓜州县第一中学(县城)
		瓜州县榆林中学(县城)	肃北县民族中学(县城)
		肃北县中学(县城)	
		阿克塞县中学(县城,学生全部在敦煌一中、三中就读)	

所属 地区	数量 （所）	学校名录	
武威市	25	武威市第一中学(凉州区)	武威市第二中学(凉州区)
		武威市第三中学(凉州区)	武威市第五中学(凉州区菅丰镇)
		武威市第六中学(凉州区)	武威市第七中学(凉州区黄羊镇)
		武威市第八中学(凉州区)	武威市第十一中学(凉州区)
		武威市第十五中学(凉州区)	武威市第十六中学(凉州区双城镇)
		武威市第十八中学(凉州区)	武威铁路中学(凉州区武南镇)
		河西成功学校(凉州区)	民勤县第一中学(县城)
		民勤县第四中学(县城)	民勤县第三中学(泉山镇)
		民勤县职业中学(县城)	民勤县第五中学(县城)
		古浪县第一中学(县城)	古浪县第二中学(土门镇)
		古浪县第三中学(大靖镇)	古浪县第五中学(县城)
		天祝县第一中学(县城)	天祝县第三中学(哈溪镇)
		天祝县民族中学(县城)	
张掖市	13	张掖中学(甘州区)	张掖市第二中学(甘州区)
		张掖市实验中学(甘州区)	天一中学(甘州区)
		金觿中学(甘州区)	山丹县第一中学(县城)
		临泽县第一中学(县城)	高台县第一中学(县城)
		民乐县第一中学(县城)	肃南县第一中学(县城)
		民乐县职教中心(县城)	张掖市体育学校(甘州区)
		山丹马场总场中学(县城，已不招生)	
平凉市	30	平凉市第一中学(崆峒区)	平凉市第二中学(崆峒区)
		平凉市第三中学(崆峒区)	平凉市第五中学(崆峒区)
		平凉市第七中学(崆峒区)	静宁县第一中学(县城)
		静宁县第二中学(县城)	静宁县威戎中学(威戎镇)
		静宁县成纪中学(李店镇)	静宁县甘沟中学(甘沟乡)
		静宁县界石铺中学(界石铺镇)	静宁县仁大中学(仁大乡)

所属地区	数量(所)	学校名录	
		静宁县靳寺中学(城川乡)	静宁县华源中学(县城)
		庄浪县第一中学(县城)	庄浪县第二中学(南湖镇)
		庄浪县紫荆中学(县城)	庄浪县韩店中学(韩店镇)
		庄浪县朱店中学(朱店镇)	庄浪县阳川中学(阳川镇)
		灵台县第一中学(县城)	灵台县第二中学(什字镇)
		泾川县第一中学(县城)	泾川县荔堡中学(荔堡镇)
		泾川县陇川中学(县城开发区)	泾川县玉都中学(玉都镇)
		泾川县高平中学(高平镇)	崇信县第一中学(县城)
		华亭县第一中学(县城)	华亭县第二中学(安口镇)
庆阳市	41	庆阳市第一中学(西峰区)	庆阳市第二中学(西峰区)
		庆阳市第三中学(西峰区)	庆阳市第四中学(西峰区)
		庆阳市第六中学(西峰区)	庆阳市第七中学(西峰区)
		陇东学院附属中学(西峰区)	育才中学(西峰区)
		北辰实验中学(西峰区)	镇原县中学(县城)
		镇原县平泉中学(平泉镇)	镇原县屯字中学(屯字镇)
		镇原县孟坝中学(孟坝镇)	镇原县开边中学(开边乡)
		镇原县三岔中学(三岔镇)	镇原县英才中学(县城)
		镇原县华文中学(三岔镇)	镇原县广文中学(孟坝镇)
		镇原县育才中学(屯字镇)	镇原县新星中学(平泉镇)
		正宁县第一中学(县城)	正宁县第二中学(洛川镇)
		正宁县第三中学(宫河镇)	正宁县第四中学(湫头乡)
		合水县第一中学(县城)	华池县第一中学(县城)
		庆城县陇东中学(县城)	庆城县驿马中学(驿马镇)
		庆城县西川中学(马岭镇)	宁县第一中学(早胜镇)
		宁县第二中学(县城)	宁县第三中学(春荣乡)
		宁县第四中学(和盛镇)	宁县第五中学(平子镇)

所属地区	数量（所）	学校名录
		宁县启明高中(太昌乡)　　宁县九龙高中(县城) 宁县晨光高中(早胜镇)　　环县第一中学(县城) 环县第二中学(曲子镇)　　环县第四中学(县城) 环县职业中等专业学校(县城)
东风场区	1	63600部队东风中学(东风基地)
长庆油田	1	长庆油田第一中学(庆城县城)

后　记

　　本书的编写过程中，可供参考的成果资料极为有限。收入本书的所有资料，除了前言、甘肃省创建省级示范性普通高中历程回顾属于原创之外，其余都是从《甘肃省教育志》和《甘肃省教育志·续志》中摘录的历史资料和学校提供的资料。读者可以看到甘肃省普通高中教育发展的基本轮廓。需要说明的是，本书未收录普通高中学校课程改革和课程建设方面的内容，另有专述。我对于普通高中教育研讨"基薄根浅"，但是，我喜欢教育理论，理论只有结合实际，能解决问题，才有价值。把普通高中学校的办学理念和校园文化解读为学校教育的精气神，只是一种命题，动机是为教育科学研究提供一种新的思路，便于更多的人了解甘肃省普通高中教育发展的轨迹，加深对普通高中教育的办学体制、管理模式的认识，旨在抛砖引玉。学校办学理念和校园文化建设的确是值得更多的人思考和研究的一个重大课题，愿更多的教育工作者高度关注和重视研究这方面的课题，多出高水平的成果！本书付梓之际，向北京师范大学出版社樊庆红老师的辛勤付出深表谢意！

旦智塔

2011 年 10 月于甘肃教育大厦